W0285211

Dello stesso autore
(anche in ebook)

Così è l'amore
L'amore ti trova sempre
La storia d'amore che ti cambierà la vita
Il segreto della donna più felice del mondo

FRANCESCO SOLE

L'UOMO CHE VOLEVA CAPIRE L'AMORE

Sperling & Kupfer

Questa è un'opera di fantasia. Qualsiasi riferimento a eventi storici, luoghi reali e persone realmente esistite è fatto in chiave di finzione letteraria, e comunque sempre nel rispetto delle persone citate. Altri nomi, personaggi, luoghi e avvenimenti sono frutto dell'immaginazione dell'autore e qualsiasi rassomiglianza con persone realmente esistenti o esistite, fatti o località reali è puramente casuale.

Pubblicato per

Sperling & Kupfer

da Mondadori Libri S.p.A.
Proprietà Letteraria Riservata
© 2024 Mondadori Libri S.p.A., Milano
L'UOMO CHE VOLEVA CAPIRE L'AMORE

ISBN 978-88-200-7895-9

I Edizione novembre 2024

Anno 2024-2025-2026 - Edizione 1 2 3 4 5 6 7 8 9 10

Indice

Il primo passo
in aula

Mi sedetti sulla cattedra guardando gli studenti davanti a me. L'aula era insolitamente piena, nonostante la giornata piovosa. Non mi aspettavo che un corso accelerato sull'amore, tenuto da un professore di filosofia, attirasse tanta gente.

Invece eccoli lì, tutti attenti.

«Sapete» iniziai con un sorriso «rivisitando Tolstoj vorrei dirvi questo: tutte le coppie felici si somigliano, ma per le coppie infelici è tutta un'altra storia, ognuna è infelice a modo suo.»

Mi fermai un istante, catturando l'attenzione degli studenti. Notai alcuni ritardatari che cercavano di prendere posto nelle ultime file senza dare nell'occhio.

«Se ci pensate bene» continuai «è proprio questo a rendere ogni cosa così affascinante e… sì, quasi intrigante.»

Presi un'altra piccola pausa per infilarmi gli occhiali. Erano nuovi, quindi facevo ancora un po' fatica a farli scivolare senza intoppi dietro le orecchie. Non che non riesca a fare due cose contemporaneamente, ma al contrario della mia ex non sono amante del multitasking. Il fatto è che, quando hai un'aula piena di studenti, ogni minimo intoppo rischia di distrarre l'attenzione.

Per questo ogni mossa è perfettamente calcolata, perché non voglio rischiare che si distraggano. È una cosa che proprio non voglio che capiti, durante le mie lezioni.

Giusto il tempo di sistemarli ed ecco che la meno discreta di due studentesse della prima fila si lasciò scappare un: «Ma quanto è figo con gli occhiali?!»

Quel commento, complice la mia pausa, rimbalzò per tutta l'aula.

Sentii sollevarsi qualche risatina qua e là, così lasciai cadere un: «Grazie, mi fa piacere, perché li ho presi da poco». Bisogna sempre avere la battuta pronta.

Poi, senza perdere il ritmo, ripresi: «Ma torniamo all'infelicità di una coppia, che è decisamente più interessante dei miei occhiali. Pensateci, quando vedete due che si baciano al parco o si abbracciano davanti a un bel tramonto. Anche un occhio poco attento capirebbe il perché: si amano. Invece, osservando due che urlano in macchina fermi al semaforo, tutti noi ci domanderemmo: che cosa li spinge a farlo? Si amano ancora oppure no?»

Mi fermai per bere un sorso d'acqua, poi scesi dalla cattedra e mi mossi verso i miei studenti. Avevo la piena attenzione, i loro occhi erano incollati su di me. Così continuai: «Vi sarà sicuramente capitato di vedere una coppia al ristorante in silenzio, tutti e due con lo sguardo fisso sul cellulare. Ecco, vi siete mai chiesti dove vorrebbero essere davvero in quel momento? Si amano ancora oppure no?»

«Forse stanno solo cazzeggiando su Instagram» disse qualcuno dal centro dell'aula.

«Forse, sì. Ma ecco come la penso io: i gesti sono molto più importanti delle parole. Sono più sinceri, non mentono mai. Se mentre è con te, una persona passa più tempo a guardare il cellulare che a guardarti… Be', non è davvero con te. In quel momento sta dicendo molto più di quanto tu possa pensare: forse non è poi così interessata. Al contrario, la "persona giusta" è quella che, quando è con te, dimentica persino di avere un telefono. È quella che preferisce scoprire il mondo attraverso i tuoi occhi, piuttosto che fissare uno schermo. Perché, diciamocelo, le più efficaci tecnologie di comunicazione tra due persone restano ancora la voce e lo sguardo.»

Iniziai a passeggiare davanti alla prima fila. «Si parla tanto di "anima gemella", di "principe azzurro", di "persona giusta", ma se togliamo la patina fiabesca, la verità è tanto semplice quanto disarmante: la persona giusta è quella che ti sa dimostrare interesse vero e incondizionato. Tutto qui.»

«E se una persona ci ama ed è interessata a noi, ma non nel modo in cui vorremmo?» domandò la fan dei miei occhiali.

«Bella domanda. Purtroppo in quel caso è la persona giusta di qualcun altro.»

Scoppiò una risata generale, e io attesi un istante prima di riprendere.

«Ci sono cose di cui tutti abbiamo bisogno allo stesso modo. L'aria, per esempio. Ma l'amore… ahimè, quello è un affare molto più complicato. Quanto l'amore che doniamo è forte, prezioso o determinante, lo può decidere solo la persona che lo riceve. Noi non possiamo decidere nulla, possiamo solo sperare che sia sufficiente.»

«E se non lo è?» era sempre lei a farmi le domande.

«Il nostro caro amico Jean-Paul Sartre probabilmente le risponderebbe che abbiamo radici ma non siamo alberi, possiamo spostarci. E non avrebbe tutti i torti: possiamo muoverci e portare le nostre radici sulle spalle come se fossero un bagaglio.

Certo, bisogna considerare che per alcuni sarà più pesante, per altri più leggero. Quello che penso io è che l'importante sia non rimanere bloccati ad amare qualcuno di sbagliato per noi, o ad amare qualcuno nel modo sbagliato per lui.»

Risveglio a Marrakech

PERCHÉ ero così sicuro di quello che stavo dicendo?

Perché quella scena – quella del ristorante, intendo – l'avevo vissuta mille volte, e purtroppo quasi sempre senza nemmeno rendermi conto di quanto fossi infelice.

Ma sul perché mi trovassi al centro di quell'aula, a tenere un corso accelerato sull'amore… Be', ammetto che neanch'io lo sapevo con certezza.

Forse sentivo il bisogno di aprire un dialogo autentico sui sentimenti con le nuove generazioni, o almeno questa era la linea che avevo usato per convincere il rettore. Ma la verità? Forse ero io quello che cercava risposte. Probabilmente avevo solo bisogno di confessarmi a degli sconosciuti, mascherando le mie confessioni da lezioni. Oppure era semplice deformazione professionale: un professore, si sa, tende sempre a trovare un insegnamento in tutto ciò che gli capita.

Ebbene, forse non sapevo perché stavo tenendo quel corso, ma certamente sapevo quando avevo iniziato a sentire il bisogno di farlo. Era successo un paio di anni prima, e vi assicuro, ero molto lontano dall'aula magna della più prestigiosa università di Venezia. Non mi ero ancora trasferito qui, e non ero neppure in Italia.

Mi trovavo sul tetto di un *riad*, mentre le prime luci dell'alba dipingevano Marrakech di un rosa pallido, rivelandone le forme sotto il velo della notte appena passata.

I sussurri delle preghiere si sollevavano dalle moschee e si mescolavano all'aria fresca del mattino. La città si stava lentamente svegliando in quello spettacolo emozionante e io, con gli occhi lucidi, la osservavo dal terrazzo, fissando l'orizzonte con la schiena dritta, rigida, come se qualcuno mi tenesse una pistola puntata alle spalle. Perché era proprio così che mi sentivo, come se la decisione che stavo per prendere fosse una questione di vita o di morte.

Non sapevo nemmeno da quanto tempo mi trovassi lì. L'alba mi aveva colto di sorpresa.

Ero rimasto tutta la notte su quel terrazzo. Non che dormire mi avrebbe fatto male, anzi, avrei pagato oro per mettere la testa in pausa per qualche ora. Ma non riuscivo a chiudere occhio; non esiste un telecomando per abbassare il volume di certi pensieri, soprattutto se ti divorano l'anima. Diventano così assordanti da sembrare urla.

Ero scappato da Milano, dove abitavo, in fretta e furia, senza nemmeno il tempo di mettere insieme una valigia decente, quindi figurarsi se mi ero ricordato di portare le pastiglie di melatonina.

Mi ero illuso che la distanza avrebbe curato tutto, ma non era così.

«Il tuo tè, amico italiano!» esclamò Mustafa con un sorriso, facendosi strada tra le piante e i cuscini sparsi qua e là.

Ne avevo davvero bisogno. Prendendo un lungo respiro, mi concessi un attimo di tregua.

«*Shukran*, Mustafa» risposi, mentre il sapore della menta e l'indecente quantità di zucchero scuotevano la mia mente esausta dalla notte insonne.

Mustafa si stava già allontanando, ma poi qualcosa lo bloccò. Si fermò e tornò indietro.

«Allora, come va la tua fuga d'amore?» mi chiese tutto allegro.

Non avevo l'aria di uno che volesse parlare, mentre lui mi aveva dato fin dal primo istante l'impressione di essere un inguaribile pettegolo.

Lo avevo conosciuto qualche sera prima, ci aveva accolti appena arrivati al *riad*, così mi ero fermato a chiacchierare con lui.

Era il tuttofare del posto, capace di parlare senza sosta in almeno cinque lingue. Un vero portento. In un attimo mi aveva raccontato che i suoi genitori erano di Rabat, ma lui era nato e cresciuto in Francia, finché non aveva deciso di «fuggire» e tornare in Marocco per seguire il cuore. Non avevo potuto fare a meno di confessargli che anche io ero «fuggito» lì per lo stesso motivo.

I tipi come lui mia sorella li chiama «attaccabottoni professionisti»: sono quei maestri dell'invadenza verbale che hanno il talento naturale di mettersi a chiacchierare in ogni occasione, anche quando gli altri cercano disperatamente di sviare.

«Ora sto fuggendo anche dalla fuga» sospirai.

«Com'è che si dice? In amore vince chi fugge?» scherzò lui.

«Amico mio, in amore vince chi ama. Chi fugge non sa nemmeno la meraviglia che si perde» mormorai, battendo nervosamente un piede sul pavimento.

Mustafa capì che non era il momento per altre parole.

«*As-salāmu ʿalaykum*» disse prima di scomparire giù per le scale.

Alzai la testa per rispondergli: «*Wa ʿalaykumu s-salām*». Poi tornai a fissare l'orizzonte.

Effettivamente fuggire è liberatorio, ma una fuga senza meta né scadenza è solo un'altra forma di prigionia.

I raggi di un sole timido coloravano d'oro i minareti, e in quello spettacolo meraviglioso mi sentivo in gabbia. Non è terribile? Quando sei esattamente dove vorresti essere ma non riesci a goderti il momento. Sei così vicino al tuo sogno da poterlo toccare, eppure non lo senti tuo.

Ed è allora che ricominci a scappare...

«Mi chiamo Marco, e sono un uomo in fuga.»

Questo avrei detto se qualcuno mi avesse chiesto di presentarmi in quel momento. E vi assicuro, avrei lasciato di stucco chiunque, persino chi mi conosceva da anni.

Per quanto detesti le apparenze, sono consapevole che per tutti sono Marco Boneri, un brillante professore di filosofia contemporanea. Ho conquistato l'Università Cattolica di Milano, ottenendo la cattedra nella mia città natale, pubblicando articoli e partecipando a convegni in tutta Europa fin da quando ero un ricercatore. Su qualche rivista mi hanno persino definito «l'*enfant prodige* della filosofia del XXI secolo, un uomo affascinante con la testa piena di progetti e la schiena curva sulle carte». Forse una descrizione un po' esagerata, ma chi sono io per non amare i complimenti? A ogni modo, il punto è un altro: nessuno avrebbe mai potuto sospettare i tormenti che mi consumavano. Mi sentivo fragile, spaventato come un bambino che deve affrontare un'ombra nell'armadio. E pensare che avevo superato i trent'anni già da un po', e credevo di aver imparato a conoscermi.

Eppure era bastato un attimo. Lei mi aveva fatto totalmente ricredere.

Tutto aveva iniziato a vacillare. Ogni certezza, ogni sogno, ogni ambizione. Qualcosa dentro di me aveva fatto improvvisamente *clic* e si era riaccesa una luce che era rimasta spenta da tanto, troppo tempo. Era stata una sorta di vertigine, e mentre perdevo l'equilibrio non riuscivo nemmeno più a capire chi fossi. Non mi riconoscevo più.

Da un giorno all'altro avevo mandato all'aria tutto, anche le cose più importanti, solo per lei. Senza minimamente preoccuparmi delle conseguenze. Esattamente quello che in una lezione sull'amore avrei definito «interesse vero e incondizionato».

Dentro quel sentimento avevo davvero creduto di poter respirare attraverso la sua pelle, persino di non poter vivere senza di lei. Mi sono sentito di nuovo quello stupido ragazzino che rubava le chiavi del ristorante di papà e si rifugiava a tarda notte tra i divanetti in velluto con la fidanzatina del liceo per perdere la verginità tra parole ingenue e sospiri appiccicosi.

Da quando l'avevo trovata, quella vecchia urgenza si era riaccesa. Con lei il tempo volava via, e io mi sentivo sempre più affamato, più vorace. Quando non potevo toccarla, che fossi all'università o sotto la doccia, la mia mente tornava sempre a noi due, nudi, avvinghiati l'uno all'altra. Era tutto eccitante, così dannatamente eccitante che mi sembrava di essere rinato. Un travolgente e inebriante sollievo.

Avevamo viaggiato in silenzio, solo qualche sguardo rubato, e poi, appena arrivati nel *riad* e lasciate le valigie, eravamo sgattaiolati fuori a mangiare qualcosa. Il crepuscolo aveva lasciato qualche striscia dorata dipinta nel cielo, e i suoi occhi brillavano alla luce tremante delle candele intorno a noi. In lontananza si sentivano i primi echi della *isha*, la preghiera della sera. Davanti a noi, una *tajine* piena di cous-cous con le verdure fumava lentamente, riempiendo l'aria intorno al tavolo di aromi speziati.

Eravamo affamati ed estasiati da quei sapori: carote dolci,

zucchine tenere, peperoni gialli che sembravano caramellati, sottili fettine di cipolla che si scioglievano in bocca. La curcuma, il cumino e lo zafferano davano al piatto un colore dorato, mentre una spolverata di coriandolo donava una nota di freschezza.

Accanto a noi una bottiglia di un delizioso Guerrouane Rouge attendeva di essere stappata. È uno dei vini rossi marocchini più famosi e apprezzati, e con la sua etichetta ornata di motivi tradizionali prometteva un'esplosione di sapori ricchi e complessi, perfetti per accompagnare il cous-cous.

Tutto si sposava perfettamente con la nostra fuga, rendendola ancora più magica: il silenzio in volo, l'imbarazzo del viaggio, e quella cena che era una vera e propria esperienza sensoriale. Dopo qualche boccone, lei finalmente aveva rotto il silenzio.

«Quindi ora siamo liberi di amarci?»

«Non lo eravamo già?» avevo risposto io.

Sentivo che c'era qualcosa di sbagliato nelle mie parole, eppure le avevo preso la mano.

Occhi negli occhi, avevamo attraversato l'incantevole giardino al centro del *riad* dove stavamo cenando, pieno di piante, fontane zampillanti e lanterne. Quel luogo era davvero un'oasi di tranquillità: quasi tutte le stanze si affacciavano sul cortile interno, creando un'atmosfera di complicità e pace.

La cena era rimasta a metà, colpa del nostro appetito che aveva assunto una nuova forma. Portammo con noi solamente la bottiglia ancora mezza piena, come se fosse l'unica compagna di cui avessimo bisogno.

Salii le scale di corsa, seguendola. Fu in quell'istante che iniziai a sentire una nota stonata, un leggero peso sul cuore, ma la voglia di strapparle i vestiti di dosso era più forte di mille altri ronzii.

Non appena chiuse la porta della camera, i nostri corpi si

scontrarono in perfetta armonia. Ogni bacio, ogni carezza mi facevano capire quanto lei si stesse abbandonando completamente a me.

In un attimo il letto a baldacchino si era trasformato in un mare in tempesta. Tra le lenzuola umide si nascondeva il nostro sapore, mescolato all'aroma avvolgente del vino rosso e al profumo dell'olio di fico che avevamo trovato sul comodino.

Le ore erano passate in un vortice. Eravamo solo noi due, tra sospiri e risate.

Forse è questo il più grande potere dell'amore: ti insegna a rinunciare a tutto, tranne al piacere di sentirti vivo. È come una playlist intelligente che salta automaticamente le canzoni tristi, lasciando a tutto volume solo le hit che ti fanno ballare.

Avevamo trascorso giorni incantevoli scoprendo le meraviglie di quella città, mano nella mano. Tornavamo nella nostra stanza solo per fare l'amore fino a consumarci. Ogni sera lei si addormentava sulla mia spalla, con il cuore sereno. Era proprio in quei momenti di apparente pace, quando lei sprofondava nel sonno, che quel ronzio si insinuava fastidiosamente dentro di me. Fino a quando, una delle ultime notti prima di ripartire, quei maledetti pensieri, snervanti come zanzare, mi avevano completamente travolto.

E quindi eccomi lì: un professore in fuga, che si ritrovava immobile su quel terrazzo, senza aver chiuso occhio e senza apparenti alternative se non quella di scappare di nuovo. Non da un luogo, ma da una verità che avrebbe potuto distruggere tutto ciò che avevo faticosamente costruito.

L'alba mi illuminava gli occhi e, davanti alla verità dei sentimenti, temevo che tutto avrebbe vacillato. Sentivo ancora il calore del suo corpo sul mio, mentre sotto pelle ribolliva la paura di distruggere tutto. Continuavo a pensare alla frase «Non ho niente da perdere»: ecco, non faceva per me, io avevo troppo da perdere e forse avevo già perso troppo.

Perché la Verità è spietata e ingannevole, ed è sempre un'arma a doppio taglio quando decide di uscire dal suo nascondiglio. Appena arriva, qualcosa si aggiusta e qualcosa si frantuma.

La ragione? Sempre la stessa: l'Amore.

Credevo di conoscerlo, di averlo afferrato nella sua interezza, l'ho studiato e insegnato attraverso Platone, Aristotele, Kierkegaard, Nietzsche, Kant, Freud, Fromm e potrei continuare una lista infinita di altri giganti che ci hanno illuminato sull'amore. Ma non mi sono serviti a un cazzo. Perché tutto quello che so sull'amore l'ho imparato dagli errori che ho commesso cercando disperatamente di amare qualcuno. È ironico, vero? Un filosofo che si rende conto che al cuore la teoria non serve, conta solo la pratica. E in quei giorni l'avevo capito a mie spese.

Prima di rientrare in Italia, mi toccava prendere la decisione più difficile della mia vita.

Ero partito con un pensiero ben chiaro in testa: rimettere me stesso al centro e imparare a seguire il cuore, senza compromessi. Marrakech aiutava, non l'avevamo scelta a caso. Il trambusto della medina, le strade incasinate… Lì ogni cosa è una grande e rumorosa festa a cielo aperto. Distanti migliaia di chilometri dal nostro mondo e da tutto quello che ci apparteneva. Il luogo perfetto per perdersi.

Sapevamo di aver bisogno di questo: smarrirci completamente, dimenticare tutto, perché solo così avremmo potuto ritrovarci e ricostruirci. Da una parte c'era lei, che voleva avere tutto per sé l'uomo di cui si era innamorata; dall'altra c'ero io, che volevo rimettermi al centro della mia vita, senza false promesse e soprattutto senza più nascondere la verità.

Il segreto che portavo dentro sembrava crescere ogni minuto di più, minacciando di spezzare quella fragile felicità che avevo trovato con lei. Sapevo che dovevo dirglielo, che non potevo più rimandare. Ma come avrebbe reagito?

Avrei voluto poterle dire la verità senza turbarla, ma sapevo che non sarebbe stato possibile.

Chiusi gli occhi, prendendo un respiro profondo, mentre il peso dei ricordi premeva contro le palpebre. Non c'era più tempo per nascondersi. Lei meritava la mia sincerità.

Attraversai il ballatoio interno, con il cuore che batteva forte.

Ricordo di aver fissato la porta della nostra stanza per qualche istante, con un nodo che mi serrava la gola.

La vita è un viavai continuo.
C'è chi ti farà piangere dal ridere,
chi dalla disperazione.
Chi ti sconvolgerà i piani,
chi purtroppo le certezze.
Qualcuno riuscirà persino a farti perdere la testa,
al contrario di tanti altri,
che ti faranno perdere solamente la voglia.
Ma nel viavai, l'importante
è non lasciare nessuno sulla soglia,
perché blocca il traffico.

Lezione numero uno

ALZAI lo sguardo verso la porta di legno scuro, la stessa che in quei giorni avevo varcato un'infinità di volte. Eppure, in quel preciso istante, mi sembrò più pesante del solito. Capita con le porte che non vuoi aprire, quelle che si affacciano su luoghi che ancora non conosci.

Funziona così anche all'università: apri porte tutti i giorni, non ci fai nemmeno caso, finché non ti trovi davanti a una di quelle lezioni che ti cambiano, facendoti capire cosa non vuoi più essere. Sì, perché alla base di ogni nostra decisione c'è questo: capire da cosa vogliamo allontanarci.

Ho imparato, certo non dai libri di filosofia, che le scelte non si fanno seguendo ciò che vogliamo, perché quasi mai lo sappiamo davvero. Al contrario, capita spesso di sapere con precisione quello che non vogliamo più; a volte si tratta di una situazione, altre volte di una persona. Così scegliamo qualcosa di ancora indefinito, sapendo solo che ci libereremo di ciò che non desideriamo più. E questo, a volte, ci basta.

Anche se ci fa paura.

Ma non sarei qui se avessi lasciato chiuse tutte le porte che mi sembravano pesanti.

Ricordo molto bene la prima volta in cui ne ho spalancata una. All'epoca mi trovavo in un posto dove non c'era il profumo avvolgente del tè alla menta.

Ero al Torel 1884, un affascinante hotel nel cuore di Porto. Fu lì che tutto ebbe inizio. E fu lì che, sette anni prima di quella notte insonne a Marrakech, scoprii l'amore.

Entrai per la prima volta nella sala colazione dell'albergo in una fresca mattina di metà marzo.

Era il giorno del mio compleanno, ma cercavo di non pensarci troppo. Qualcuno aveva lasciato semiaperte le alte finestre al fondo della stanza, facendo entrare una brezza salmastra. Respirai profondamente.

L'orologio segnava le sette e la sala era ancora vuota; qualche cameriere gironzolava qua e là per sistemare i tavoli, e dalla porta di ingresso facevano timidamente capolino un paio di «alboristi». Questa parola l'ha inventata mia sorella, e unisce «alba» e «turisti»: in pratica si tratta dei pionieri della colazione, quelli che esplorano per primi la sala del buffet e aprono la strada agli altri ospiti. Secondo quella filosofa di Alice, ci sono solo due categorie di persone disposte a fare colazione all'alba in hotel: chi deve svegliarsi presto per motivi di lavoro e, al contrario, chi ha fatto festa fino a tardi.

Al loro opposto, sempre secondo la teoria della filosofa di famiglia, ci sono i «cacciatori di briciole», decisamente più comuni. Ovviamente stiamo parlando di quelle persone che si alzano tardi e si ricordano all'ultimo minuto che la colazione sta per finire. A quel punto si fiondano in sala, con la speranza di agguantare qualcosa prima che i camerieri portino via anche l'ultimo vassoio.

Io appartengo alla seconda categoria. Se non ho impegni la mattina presto, rimango a letto più a lungo possibile. Potrei definirmi un vero «cecchino di briciole»: le mie colazioni in hotel si risolvono sempre con una brioche vuota e le ultime due fette di formaggio avanzate.

Tuttavia, quella non era una mattina qualunque: avevo atteso quel momento a lungo, il giorno in cui avrei ritirato un prestigioso premio all'Instituto de Filosofia dell'Universidade do Porto. Certo, il premio non era soltanto a mio nome. All'epoca ero ancora uno sfruttatissimo ricercatore sottopagato, e per quanto il mio contributo al saggio sull'etica nell'intelligenza artificiale fosse stato determinante, il premio sarebbe stato assegnato all'intero gruppo di lavoro, com'era giusto che fosse.

Io ero comunque emozionatissimo, perché sentivo di aver raggiunto un traguardo non solo importante, ma quasi impossibile per la mia età, e l'idea che mia madre e mia sorella Alice mi avrebbero raggiunto per la premiazione mi riempiva di orgoglio. Per questo non avevo dormito un granché e, dopo essermi svegliato prestissimo, mi ero unito agli alboristi, quasi senza rendermene conto.

Attraversai il salone centrale con la testa immersa nei miei pensieri. L'abitudine di solito mi porta a cercare l'unico tavolino libero in una sala stracolma di gente, ma quel giorno la sala era quasi vuota, e avevo l'imbarazzo della scelta. Ogni dettaglio, dai bouquet di fiori che spuntavano dai centrotavola alle sedie con gli schienali finemente intagliati, aggiungeva all'atmosfera un tocco di lusso. I tavolini di marmo erano uno più bello dell'altro, ciascuno decorato con un mosaico floreale diverso. Dalle grandi finestre penetravano come lame i primi raggi di sole, che raggiungevano il fondo della sala creando uno straordinario gioco di colori.

Come attratto da una forza magnetica, decisi di sedermi proprio lì. Posai di fronte a me *L'arte di conoscere se stessi* di Schopenhauer che tenevo tra le mani, ne sfogliai distrattamente qualche pagina e poi rimasi in attesa che un cameriere mi notasse.

Non ero l'unico ospite nella sala: sull'altro lato, proprio davanti al lungo bancone del bar, c'era un tedesco in smoking, visibilmente affaticato, che sbevazzava rumorosamente un caffè nero, forse nel tentativo di smaltire un *hangover*.

E poi c'era lei. Al tavolino sulla mia destra sedeva una donna bellissima. Aveva la pelle molto chiara, quasi di porcellana, e lineamenti così delicati da sembrare dipinti. Teneva gli occhi fissi sul computer e, con le cuffiette nelle orecchie, discuteva animatamente in inglese. Una questione di lavoro, forse. Sembrava infastidita, come capita a me quando presto la macchina con il pieno a mia sorella e lei me la restituisce a secco.

Chiesi al cameriere di portarmi un caffè americano, poi tornai a osservarla mentre parlava e mi incantai per qualche istante. Capitemi, non avevo dormito molto, e probabilmente la stavo fissando con troppa insistenza. Lei all'improvviso alzò i suoi occhi verdissimi e li puntò dritti su di me. Sembrava contrariata. Io, un po' imbarazzato, distolsi lo sguardo e presi di nuovo in mano il libro.

Proprio in quel momento il cameriere posò sul mio tavolino il caffè e, per farsi perdonare dell'attesa, mi offrì un *pastel de nata*, uno squisito dolce portoghese che non avevo mai assaggiato. Subito dopo mi portò dello zucchero a velo e un po' di cannella, e mi suggerì di cospargere il *pastel* con entrambi prima di gustarlo. Seguii le istruzioni alla lettera, e ne rimasi estasiato.

«*Obrigado*» dissi, ringraziandolo per avermi fatto scoprire quella delizia.

Mentre sorseggiavo il caffè ancora caldo, sfilai dalle pagine del libro un foglio sgualcito e pieno di appunti: il mio discorso per la premiazione. Dopo infiniti tentativi, lo avevo scritto di getto la sera prima, mentre ero in partenza da Milano e cercavo d'ingannare l'attesa del viaggio.

Provai a ripetere il discorso, parlottando sottovoce, ma non riuscivo a concentrarmi perché la donna dagli occhi verdi continuava ad alzare la voce. Era sempre più arrabbiata.

Se qualcuno fosse entrato nella sala in quell'istante e ci avesse osservati, avrebbe senz'altro notato due mondi opposti. Lei che urla davanti a un computer, lui che bisbiglia leggendo delle parole scritte su un foglio sgualcito. Lei decisamente sicura di sé, lui visibilmente imbarazzato.

«Finalmente! Non ce la facevo più...» esclamò lei, chiudendo di scatto il computer.

Capii che era italiana. La osservai mentre riordinava metodicamente la borsa, mettendo via prima il computer, poi il caricabatterie e infine il telefono. Sembrava un rituale.

Poco dopo, i nostri occhi si incrociarono nuovamente e lei mi regalò un sorriso.

Colto alla sprovvista, distolsi ancora una volta lo sguardo. Lei si alzò e si diresse verso il bancone del bar.

La seguii con lo sguardo: indossava un completo impeccabile che le dava un'aria molto sofisticata. Nell'istante in cui mi chiesi come avvicinarla e rompere il ghiaccio il suo telefono squillò. Rispose subito e, senza nemmeno aspettare quello che aveva ordinato, si allontanò velocemente dalla sala. Ed ecco che avevo perso la mia occasione.

Quel giorno fu tutto molto lento, come se «ci fosse ancora tempo».

Mi preparai con calma, chiamai il taxi con calma, arrivai alla presentazione con calma e, nonostante fossimo in leggero ritardo, ebbi persino il coraggio di chiedere un caffè prima di iniziare. Se mi ci metto, so essere un gran bel rompiscatole.

Perché? La verità era che stavo solo cercando di guadagnare tempo, di fronte a una porta che avrei preferito tenere chiusa.

Ero certo che mio padre non si sarebbe presentato, ed ero altrettanto certo che fino all'ultimo avrei continuato a cercarlo. Anche dopo il mio discorso di ringraziamento, non avrei potuto fare a meno di guardarmi intorno, sperando di intravedere il suo volto nascosto nelle ultime file.

Era una speranza vana, un sentimento che i portoghesi chiamerebbero *saudade*. In italiano non abbiamo una parola per descrivere quel misto di affetto per qualcosa di speciale che hai perduto e un desiderio ardente di riviverlo, intrecciato con una profonda nostalgia.

E io mi sentivo esattamente così.

La premiazione fu un successo, e il rettore della mia università non perse occasione per mettersi in prima fila in tutte le foto di gruppo. Versammo molti bicchieri di vino e ci congratulammo a vicenda. Mia madre era talmente emozionata che pianse tutto il tempo, mentre Alice continuava a passarle fazzolettini con una calma invidiabile. L'emozione non impedì comunque a mia madre di attaccare bottone con chiunque. Con mio grande imbarazzo, si era messa a invitare a cena a casa sua alcuni colleghi provenienti dagli angoli più disparati del mondo. La cosa più ridicola è che mia sorella le dava corda. Più che le donne della mia vita, sembravano Adelina e Guendalina Blabla, le buffe oche gemelle del film *Gli aristogatti*, che aiutano i mici a ritrovare la strada di casa. Proprio come loro, solo che invece di guidare i gatti altrove, invitavano i filosofi a casa propria.

Di mio padre, ovviamente, nemmeno l'ombra. Dopo l'ultimo flash e con i bicchieri ormai vuoti, i festeggiamenti si spensero, lasciandomi solo con le mie due oche preferite sottobraccio, a passeggiare verso l'hotel nella quiete della sera. Era già molto tardi, mia madre e mia sorella preferirono tornare subito in camera per riposarsi, mentre io, con un pizzico di ribellione, decisi di fermarmi al bar dell'albergo per un ultimo drink. Dopotutto era pur sempre il mio compleanno. Ancora non lo sapevo, ma grazie a quella decisione stavo per fare un incontro che avrebbe cambiato la serata, e non solo.

Entrai nella stessa sala che di mattina ospitava le colazioni, ora trasformata in un accogliente cocktail bar, con musica dal vivo. Molta gente, luci soffuse e chitarristi di fado che aggiungevano un tocco di poesia all'ambiente.

Appena arrivato al bancone si avvicinò un barista, pronto a servirmi: «*Um bom copo de Porto é perfeito com o fado*» mi suggerì con un sorriso.

È vero, una musica così dolceamara andrebbe gustata con un buon bicchiere di Porto, ma quella sera avevo voglia di qualcosa di diverso. «*Saudade* un cazzo! Io mi faccio un gin tonic!» risposi scherzosamente, provocando una risata che veniva da dietro di me.

Non pensavo che qualcuno mi avrebbe capito.

«Scegliere il gin in terra di Porto?» disse alle mie spalle una voce che mi sembrava di conoscere.

Mi voltai e la riconobbi subito: era la donna dagli occhi verdi. Con un gesto lento e seducente, posò il bicchiere di vino vuoto sul bancone e si accomodò sullo sgabello accanto a me. C'era qualcosa di magnetico in lei, forse quell'aria di sfida.

Decisi che non avrei lasciato scivolare via l'occasione, anche solo per scambiare due chiacchiere.

«A volte è bello cambiare le regole» risposi, porgendole il menu dei cocktail.

«Dici? Non ne sono così sicura...»

«Immagina un ingegnere a Parigi, fine Ottocento, che decide di costruire una torre destinata a diventare un'icona di bellezza per la Francia intera, ma sceglie di rompere le regole e usare un materiale particolare per costruirla. Ora, se ti dico "Pensa a un materiale che esprima bellezza" cosa ti viene in mente?»

«Uhm... Non saprei... Il marmo? L'oro? Sbaglio?»

«No, è tutto perfetto, ma io stavo parlando del ferro.»

«Il ferro?!» commentò lei, un po' confusa.

«All'inizio lo criticarono tutti. Cominciarono a definire la sua opera come il mostro di ferro che avrebbe deturpato la città. Ma lui non si tirò indietro e non ebbe paura di infrangere le regole...»

«Quindi ha terminato lo stesso la sua opera?»

«Se non l'avesse fatto, oggi non avremmo la Torre Eiffel!»

Lei sorrise, mentre apriva il menu dei cocktail.

«Allora, visto che è così bello cambiare le regole... Un gin tonic anche per me, per favore!» e, dopo aver ordinato al barista, si girò verso di me. «A quanto pare oggi è una serata di ribellioni. Sei bravo a raccontare storie, dovresti lavorare nel marketing.»

«Chi ti dice che non lo faccia già?» continuai con un po' di malizia.

«No no... Hai uno stile...» iniziò a squadrarmi dalla testa ai piedi «troppo classico!»

«Cos'è? Una specie di insulto?»

«No, affatto! Lo smoking nero poi è elegantissimo!» rispose lei divertita. «Ma con quei dettagli sofisticati, il doppiopetto, il *papillon* in seta, sicuramente non lavori nel marketing. Nessuno dei miei colleghi si veste così, neanche ai matrimoni. Avrei detto agente segreto, ma dopo lo "spiegone" che mi hai fatto solo per convincermi a bere un gin tonic azzarderei che sei un professore» continuò con un sorriso complice. «Ho indovinato?»

«Ci sei andata molto vicina. Sono un ricercatore...» dissi, un po' stupito dalla sua intuizione.

«E ti dirò di più. Architettura o ingegneria?»

«Ah, questa volta hai sbagliato!» le dissi con un mezzo sorriso. «Allora non sono così prevedibile.»

Continuavo a guardarla, e più la guardavo più diventava affascinante. Mi avvicinai e iniziai a notare i dettagli: la pelle chiarissima era costellata di delicate lentiggini, e piccole rughe di espressione le attraversavano il viso. Aveva qualche anno più di me, probabilmente intorno ai quaranta, ma portati benissimo. Non mi era mai capitato di flirtare con donne più grandi, ma trovarmi quella sera, in quel posto, con lei, rese ancora più provocante quella differenza di età.

«Posso fare un secondo tentativo?»

«Certo, sono curioso.»

«Storia. Anzi, no, filosofia!»

Sgranai gli occhi: «Dimmi come hai fatto!»

«Forse quegli occhialini rotondi dietro cui ti nascondi» fece una piccola pausa, e poi aggiunse: «O forse ho intravisto il libro che avevi sul tavolo con te a colazione...»

Quindi anche lei mi aveva notato. Questo particolare mi diede il coraggio di fare un passo in più. «Quando stamattina ti ho incrociata, ho sperato di rivederti. Ma devo ammettere che questo incontro ha superato tutte le mie più rosee aspettative.»

«Ah, quindi avevi delle aspettative?» chiese, alzando un sopracciglio in modo giocoso.

Avevo provato ad anticiparla, ma lei era sempre due mosse avanti, e questo mi intrigava ancora di più.

«Be', diciamo che la speranza di una buona conversazione c'era. Ma scoprirti così brillante è più di quanto avrei potuto chiedere.»

In quell'istante, le parole che avevo appena detto mi fecero arrossire. Sono sempre stato un amante del corteggiamento, ma trovarmi a giocare con lei mi metteva in soggezione.

Lei sorrise, come se avesse già capito dove volevo andare a parare. Iniziavo a sentirmi intrappolato in una specie di attrazione fatale.

«Potresti dirlo alla mia capa! Forse è la volta buona che qualcuno mi promuove!»

«Tu che lavoro fai?»

«Ah, ti sei già arreso? Torniamo alle presentazioni?»

«Ho bisogno anch'io di farti scoprire qualche carta...»

In quel momento il cameriere arrivò con i gin tonic. Finalmente potevo respirare un po'.

«A cosa brindiamo?» mi chiese.

«Direi alle ribellioni, no?»

«Sì, un po' scontato sentirlo dire da te, che avrai la metà dei miei anni, ma alla fine forse è giusto così! In fondo se stasera festeggio è comunque un cambio di rotta!»

«Non lo fai mai?»

«Non in questo giorno.»

«Che ha di male?»

«Non amo festeggiare il mio compleanno, dato che da stamattina sono trentanove!»

«Non ci credo. Anch'io oggi compio gli anni!»

Scoppiò a ridere. «E quanti sono? Almeno sei maggiorenne?» continuò con malizia.

«Sembra l'inizio di una barzelletta. Due italiani a Porto si trovano a festeggiare il loro compleanno. Lei trentanove, lui ventotto.»

Sospirò, scuotendo leggermente la testa. «Perché mai sto qui a brindare con un ragazzino?» Manteneva sempre un tono ironico, ma nella sua voce sentivo un leggero imbarazzo.

Restammo in silenzio per qualche istante, guardandoci negli occhi. In quel momento capii che potevo fare la mia mossa, e per la prima volta tentare di metterla sotto scacco.

«Serata ribelle, no?» dissi allungando il bicchiere per brindare.

«Effettivamente...» sussurrò lei.

«Buon compleanno, ehm...» Mi resi conto in quell'istante di non sapere il suo nome.

Assottigliai gli occhi, con l'espressione di chi cerca aiuto.

«Oh già, è vero! Sara, mi chiamo Sara. E tu?» disse, alzando il bicchiere verso di me.

Continuammo a riempire la conversazione svelandoci frammenti delle nostre vite, come si fa con gli sconosciuti che vuoi avvicinare lentamente, mentre i bicchieri si svuotavano al ritmo malinconico del fado. Parole che accorciano le distanze e bicchieri che si svuotano: la formula perfetta per far scivolare qualcuno verso la seduzione. La penombra del locale e la luce tremolante delle candele sparse per la sala accentuavano l'aura di mistero del nostro incontro.

Tra una chiacchiera e l'altra non riuscivo a trattenermi dal cercare dettagli. Un rossetto rosso sangue faceva risaltare ancora di più il suo incarnato pallido e le sue labbra, carnose ma al tempo stesso raffinate. Indossava un tailleur grigio sportivo con una giacca leggermente oversize e una camicetta bianca che si apriva sul petto, rivelando appena ciò che si nascondeva sotto. Dovevo costantemente lottare con me stesso per non lasciarci cadere lo sguardo troppo a lungo.

Ero decisamente affascinato e mi sforzavo di cogliere ogni segnale, cercando di capire se anche lei provasse lo stesso. Non mi sarebbe affatto dispiaciuto se quelle chiacchiere fossero diventate qualcosa di vietato ai minori.

Sembrava che volesse giocare con me, lasciandomi dondolare su una specie di filo che pendeva tra il «prendersi sul serio» e il «prendersi in giro». Linea molto sottile, talvolta.

Toccato il fondo del gin tonic, lei propose un secondo giro.

Decisi di sfidarla: «Alziamo di gradazione?»

«Tranquillo, ragazzino» incalzò divertita «ci sono sere in cui reggo più l'alcol delle persone, e questa è una di quelle.»

Chiesi al barista qualcosa di forte. Mi propose la ginja, un liquore portoghese a base di ciliegie, ma era troppo leggero per la serata. Optammo invece per un'*aguardiente*.

Il primo shot mi bruciò la gola, fino allo stomaco, ma ressi il colpo. Lei lo bevve lentamente, continuando a prendersi gioco di me.

«E tu, hai mai pensato di ribellarti in qualche modo nella tua vita?» chiesi.

«Oh, frequentemente» rispose. «Lavoro in una grande azienda e a volte ho proprio bisogno di uscire dagli schemi. Ma non è sempre facile come ordinare un drink diverso, soprattutto quando sei bloccata a fare il braccio destro della direttrice marketing per cinque anni.»

«E una donna come te non ha un piano di riserva?»

«No, a dire il vero no, ma ora che la mia capa verrà promossa forse è la volta buona anche per me!»

Mentre chiacchieravamo capii che più ci avvicinavamo all'argomento lavoro, più per lei era difficile non diventare seria.

«A volte le occasioni vanno prese, non ricevute» la incoraggiai, cercando un po' di leggerezza.

«Quindi secondo il mio professore dovrei ribellarmi e prendermi ciò che mi spetta?»

Si avvicinò con un'aria di sfida. La sua mano destra si posò sulla mia spalla, e i nostri sguardi si incrociarono in un'intesa improvvisa. Ero intimidito ed eccitato al tempo stesso.

«In un certo senso… Può darsi…» risposi, cercando di mascherare il mio imbarazzo. «O magari hai solo bisogno di cambiare un po' il modo in cui sei abituata a fare le cose.»

«Sono d'accordo, e forse potrei iniziare questa sera…» sussurrò. Il suo volto era a pochi centimetri dal mio.

Deglutii, non riuscivo più a capire se ero predatore o preda.

«Sai che non ho mai baciato un uomo più giovane di me?» disse, mentre fissava le mie labbra.

Il cuore mi batteva nel petto come un tamburo.

«Posso aiutarti in qualche modo?» chiesi, nel tentativo di dissimulare la timidezza.

Il suo sorriso si allargò, e il modo in cui mi guardò era un chiaro segnale che la serata stava per prendere una piega totalmente diversa. «Sai leggermi nel pensiero, professore?»

Presi un po' di coraggio e mi tuffai a riempire quei pochi centimetri che ancora separavano le nostre labbra. La baciai velocemente, quasi di scatto. Più che un bacio fu un morso delicato, per assaporare le sue labbra.

Quando mi staccai aveva ancora gli occhi chiusi.

«Scusami, non avrei dovuto...»

Non feci in tempo a finire la frase che mi afferrò il colletto e mi tirò a sé. Ci baciammo con passione fino all'ascensore.

«A che piano?»

«No, andiamo da te» rispose affannata, mentre le sue labbra mi accarezzavano il collo.

Salimmo al quarto piano, arrivammo in camera mia e ci chiudemmo la porta alle spalle.

Dopo avermi sbottonato la camicia, mi baciò dal petto verso l'ombelico, scendendo fino all'inguine, quando a un tratto cercai di prendere un respiro di distanza tra noi e fermandola le mormorai: «Aspetta, sei sicura che vogliamo farlo?» ma forse lo stavo chiedendo più a me stesso che a lei. Non ero abituato a sentirmi una preda, ero agitato e stavamo per varcare il confine. «Non ne abbiamo parlato ma... Non è che sei sposata o cose simili?» continuai, sussurrando tutta la mia incertezza.

«No, non sono sposata. Ma anche se lo fossi cambierebbe qualcosa?»

«Be', non lo so, era per capire se...»

Lei mi fissò per un attimo, poi annuì lentamente. Forse aveva visto un'ombra di esitazione nei miei occhi. Mi prese la mano, mi guardò e disse: «Ascolta, sono una donna adulta che sa quello che vuole. Tu lo sai quello che vuoi?»

Decisi che dovevo arrendermi. «Voglio festeggiare il mio compleanno...»

Lei rise, e quel suono riempì lo spazio tra noi.

La spinsi contro la parete ai piedi del letto e iniziai finalmente a prendere l'iniziativa. Le sfilai la giacca del tailleur e la buttai sul letto. I suoi occhiali da sole scivolarono dal taschino e caddero a terra. Non ci badammo.

Cominciai a sbottonarle la camicia, un bottone dopo l'altro. Le leccai il seno, poi scesi lentamente verso l'ombelico, tracciando una scia di pelle umida ovunque le mie labbra passassero. Dopo averle sfilato la gonna e la coulotte in pizzo, la adagiai sul letto. Si sdraiò supina, con le gambe incrociate dietro le mie spalle, mentre la mia bocca era intenta a esplorare ogni parte più intima di lei.

Continuavo a giocare con la lingua e a morderle delicatamente il clitoride. Mi era scattato qualcosa, un *clic* che mi portò a non desiderare altro che darle con ferocia più piacere possibile. Non mi era mai successo. Era una droga. Respiravo a fatica, mentre lei gemeva sempre più intensamente.

La feci godere tutta la notte, e nel silenzio complice di quella camera d'albergo scoprimmo quanto può essere liberatorio lasciarsi andare e infrangere le regole. Qualche ora dopo fissavamo il soffitto, esausti e ansimanti.

Finimmo per raccontarci alcuni dettagli delle nostre vite, avvolti dalle lenzuola sgualcite. Mi disse di vivere e lavorare anche lei a Milano, ma di essere cresciuta a Venezia.

Scherzando le proposi: «Magari ci rivediamo, una volta...»

Lei si irrigidì leggermente. «Magari invece non ci incontriamo mai più. Sarebbe molto più romantico, come se fosse stato un sogno» controbatté, lasciandomi per un attimo senza parole. Poi, con un sorriso enigmatico, suggerì: «E se invece rimanessimo svegli un altro po' e poi andassimo a fare colazione?»

«Perché no?»

«Non c'è niente di più intimo di due persone che fanno colazione insieme all'alba» continuò lei.

«E di solito con chi fai colazione?»

«Con nessuno in particolare, ma sempre nel solito bar. So essere una donna fedele.»

Mi parlò di Gelsomina, il suo bar preferito a Milano, e mi raccontò la sua piccola routine quotidiana di quella colazione solitaria. Mentre parlava, la sua voce si faceva sempre più dolce e lenta, finché si addormentò.

Poco dopo, preso dalla stanchezza, mi abbandonai al sonno anch'io.

Ci addormentammo abbracciati, due sconosciuti avvolti in un'intimità densa di tutto ciò che non avevamo ancora svelato l'uno all'altra.

La pace non durò a lungo. Verso le otto un rumore improvviso ci svegliò di soprassalto. Il cellulare di Sara stava suonando lontano da noi, perso in qualche angolo della stanza.

Lei si alzò di scatto, il viso ancora segnato dalla notte di passione appena consumata. Mugugnai qualcosa mentre mi stropicciavo gli occhi, cercando di tornare alla realtà.

«Devo rispondere» mormorò, con una nota di urgenza nella voce.

D'un tratto sembrava molto agitata. Si mise a cercare il telefono, trovandolo dopo qualche istante di frenesia. Rispose frettolosamente, con poche parole appena sussurrate, e un minuto dopo si stava già rivestendo.

«Devi proprio andare?» le chiesi, tradendo una punta di delusione.

«Sì, mi dispiace, ma ho un impegno importante» rispose, abbottonandosi rapidamente la camicetta. Il suo sguardo mi fece capire che era ora per lei di tornare al suo mondo.

La osservai uscire dalla mia camera, lasciando dietro di sé solo il suo dolcissimo profumo e una sensazione di vuoto.

Era stato bello. Molto più che bello. Rimasi ancora un po' a letto, poi con tutta la lentezza del mondo mi alzai. Mentre infilavo un paio di jeans, notai per terra accanto al letto i suoi occhiali da sole. Sorrisi e li misi in tasca.

Dopo essermi vestito in fretta scesi per fare colazione. Come al solito, da buon «cecchino di briciole» trovai solo rimasugli di cibo, ma qualcosa di sorprendente attirò la mia attenzione: un biglietto sul tavolo a cui mi ero seduto la mattina precedente. Era di Sara.

Lo aprii con una certa trepidazione. «Grazie per questa notte. È stato bello per una volta ribellarsi al modo in cui sono abituata a fare le cose, almeno in un sogno.»

Piegai il biglietto con cura e lo infilai nel taschino della giacca.

Sgranocchiai qualcosa senza troppo appetito. Quella mattina avevo in programma di visitare la libreria Lello con mia madre e mia sorella, ma prima di uscire provai a chiedere di Sara in reception, con la scusa di ridarle gli occhiali.

Niente da fare, aveva già fatto il check-out.

Ricontrollai il bigliettino, ma anche lì niente: nessun numero, nessun indirizzo, nessun contatto.

Mettiti il cuore in pace, Marco, lascia stare, pensai.

Cercai di togliermela dalla testa e godermi quei giorni da turista che mi aspettavano in città; eppure, più mi sforzavo di non pensarci più avrei voluto cercarla, magari su Instagram o LinkedIn. D'altronde sapevo dove lavorava, conoscevo il suo nome e, forse la cosa più interessante, sapevo dove faceva regolarmente colazione. Insomma, non sono un detective, ma non sarebbe stato impossibile rintracciarla.

Una parte di me sentiva che quella donna non mi aveva lasciato indifferente, come se cercasse di avvisarmi. Ero arrivato a dire a me stesso: «Se la cerchi, devi solo sperare di non trovarla».

Pensarci ora mi sembra quasi ridicolo.

Eppure, nei giorni che seguirono, ogni angolo di Porto mi parlava di lei. Non sono mai stato uno da «colpi di fulmine», ma mi sentivo così in subbuglio che decisi di confidarmi con mia sorella.

«Alice, ti devo confessare una cosa: non riesco a togliermi dalla testa una persona.»

«Non ci credo! Tu innamorato?!»

Mia sorella è una romantica, nella sua vita ha sempre seguito più il cuore che la testa. Ha quattro anni più di me, e per un po' ha lavorato in una prestigiosa banca di investimenti. Una carriera notevole. Poi da un giorno all'altro si è licenziata, senza pensarci due volte.

Quella mattina mi aveva chiamato. «Mollo tutto e prendo il primo volo!»

«E dove vai?» le avevo chiesto preoccupato.

«Vado a vivere davvero, Marco!»

Voleva viaggiare, vedere il mondo. E così ha fatto.

Ora si guadagna lo stipendio come affittacamere: quando

viene a Milano, si sistema in uno degli appartamenti che affitta, perché non ha più un posto tutto suo dove stare.

Inizialmente pensavo fosse impazzita, invece la cosa paradossale è che adesso guadagna più di quando lavorava dodici ore al giorno in banca. Ha sempre la valigia in mano ed è felice, più di quanto sia mai stata. Per questo mi rivolgo a lei quando ho bisogno di un consiglio: sa sempre qual è la cosa giusta da fare per essere felici.

Anche quella volta non mi deluse. «Marco, buttati» mi disse. «Quando ti ricapita un inizio così da film?»

Si può vivere senza amore?
Forse no,
ma non si può nemmeno amare qualcuno
che ti chiede di mettere da parte la tua vita.

Tornato a Milano decisi di provare a incontrarla da Gelsomina, con la scusa di restituirle gli occhiali. Una mattina mi presentai al bar, il solito cuore che batteva forte come un tamburo. Non speravo di essere così fortunato, e invece la vidi, seduta a un tavolino, immersa nella lettura di una mail sull'iPad.

Mi avvicinai con un sorriso timido.

Lei alzò lo sguardo e mi vide subito. «Professore! Cosa ci fai qui?»

«Ho trovato questi» dissi, tirando fuori gli occhiali dal taschino. «E ho pensato che forse li stessi cercando.»

Sara sorrise e prese gli occhiali. «Grazie. Sei molto premuroso.»

Mi sedetti e parlammo un po'. Era gentile, ma percepivo una barriera invisibile tra di noi.

«Speravo di rivederti» le dissi, con tono leggero.

«Sta diventando un'abitudine. Guarda che poi mi devo ribellare...»

Le allungai sul tavolino il biglietto che mi aveva lasciato a Porto e una penna. «Avresti potuto scriverci il tuo numero.»

«Sei giovane e bello. Potresti avere qualsiasi donna tu voglia...»

«Bello?»

«Non fare finta di non saperlo. Dietro quegli occhialini da professore nascondi gli occhi più azzurri che abbia mai visto. E poi quei capelli ricci, e il modo in cui ci passi le mani, farebbero impazzire qualunque ragazza.»

«E quindi? È per questo che non vuoi uscire con me?» Cercai di scacciare l'imbarazzo ridendoci su.

«Perché proprio io?» rispose lei, facendosi seria.

«Ci sono due italiani a Porto, che compiono gli anni lo stesso giorno e si conoscono in un bar. O è l'inizio di una barzelletta o di una stupenda storia d'amore. Sono curioso di sapere quale delle due possiamo vivere.»

«La seconda è decisamente più intrigante, ma sono una persona molto impegnata per via del lavoro. E poi ho un gatto.»

«Quindi?»

«Quindi ho già il mio grande amore...»

Sorrisi. «Io non sono un tipo geloso.»

«Ma Romeo sì! Perciò non so se è nel mio destino impegnarmi.»

«Credere nel destino è molto noioso.»

«Spiegati meglio, professore...»

«Allora, se io conoscessi una ragazza...»

«Donna. Una donna.»

«Se conoscessi una meravigliosa donna a Porto e ci innamorassimo alla follia, tu diresti che era destino, giusto?»

«Giusto.»

«Però significa che io non c'entro niente, non ho scelto niente, era tutto predeterminato, giusto?»

«Giusto. È così che funziona credere nel destino.»

«Ma cosa c'è di romantico in tutto questo? Perché se dall'equazione elimini la scelta, siamo solo burattini appesi a fili cosmici che si muovono verso una destinazione predeterminata. Se invece è una questione di scelte, cambia tutto. Perché se ci sono quattro miliardi di donne nel mondo e io ne scelgo una, una tra tutte, questo è molto più romantico, no?»

«Bel tentativo. Te l'ho detto che dovresti lavorare nel marketing. Ora scusa ma faccio tardi!»

Mi salutò senza nemmeno lasciarmi il suo numero. Prese il bigliettino, mi stampò un bacio sulla guancia e se ne andò. Rimasi lì impalato, con un finto sorriso di circostanza sulla faccia, ma dentro di me avevo accusato il colpo.

I miei studi mi avrebbero suggerito di rifugiarmi nello stoicismo. Seneca mi avrebbe detto: «Caro Marco, non è che non osiamo fare le cose perché sono difficili, è che sono difficili perché non osiamo farle».

Grazie, Seneca, per la pillola di saggezza, che non riusciva comunque ad alleviare la botta che avevo appena preso. Le sconfitte in amore sono sempre amare; puoi succhiare tutte le bustine di Gaviscon del mondo, ma lo stomaco si agiterà lo stesso.

Eppure, per quanto possa essere spiacevole, ci sono momenti in cui un rifiuto può essere un buon segno. Sebbene mi sentissi sconfitto in quella battaglia, sapevo di non aver perso la guerra. Non ancora, almeno. Perché? Be', avevo colto il vero significato di quelle parole: vorrei ma non posso.

Non sembra molto positivo, direte voi. In effetti c'è solo un senso in cui questo può essere positivo: se vale lo stesso anche per te. Fino a poco prima di conoscere Sara, anch'io non volevo relazioni serie. Il motivo per cui non riuscivo a impegnarmi dipendeva in parte dal mio animo da Casanova, sempre in cerca di avventure, e in parte dal desiderio di mantenere spazi e tempo per gli studi. Una libertà che non volevo sacrificare.

Per questo trovai nelle sue parole una connessione inaspettata, un'intesa che mi colpì come un fulmine.

Decisi che non volevo demordere. Non per masochismo né per la sfida egoistica di conquistare qualcosa che mi era stato negato, ma perché per la prima volta mi sentivo davvero legato a qualcuno, senza forzature. E questo mi faceva credere che valesse la pena continuare.

Così non mi arresi. Andai a fare colazione da Gelsomina per un mese. Ogni giorno allungavo di diversi chilometri il mio tragitto verso l'università solo per passare a farle un saluto. Ogni giorno trovavo una scusa per chiacchierare con lei, per conoscerla un po' di più.

Con l'arrivo delle belle giornate avevo cominciato ad andare al lavoro in bicicletta, così ne approfittavo per accompagnarla per un pezzettino di strada verso il suo ufficio.

Finché finalmente, una mattina, mentre legavo la bicicletta davanti al bar, qualcosa cambiò.

«Eccoti!» mi disse, raggiungendomi trafelata alle mie spalle, con i tacchi che battevano il ritmo sull'asfalto. «Stamattina devo correre. Ho già il taxi che mi aspetta dall'altra parte della strada.»

«Ok, certo, tranquilla» risposi, e mentre parlavo mi accorsi che mi stava fissando con uno sguardo insolito.

«Senti, devi farmi una promessa.»

«Certo.»

«Non me ne far pentire. Non mi spezzare il cuore, e soprattutto non chiedermi mai di rinunciare alla mia carriera.»

«Promesso, promesso e ancora promesso.»

«Tieni» mi disse mentre mi allungava un biglietto con il suo numero di telefono. Poi mi baciò e corse sul taxi.

Da quel giorno, finalmente, avevo un modo per contattarla. Ma era più di un semplice numero. In quel gesto aveva nascosto una confessione: si sarebbe lasciata corteggiare.

Cominciai con delicatezza, giusto con qualche messaggio per farle sapere che pensavo a lei. Poi dei fiori, un invito a cena, piccoli gesti che sapevo le avrebbero fatto piacere.

Ho sempre voluto tutto subito, in amore, ma a ventotto anni non avevo molta esperienza con donne più grandi. Sapevo che avrei dovuto usare altre armi, e trovai nella pazienza l'arma più potente per conquistarla.

Aspettai, senza perdere la voglia. Ero paziente in ogni momento, in ogni carezza, in ogni messaggio, finché tornammo a infilarci insieme sotto le lenzuola. Qualche volta si fermava a dormire da me. Lo decideva all'ultimo, come se capitasse per caso. Sotto sotto le restava sempre un po' di quella paura di correre troppo, ma avevo capito che dovevo accoglierla e darle modo di affrontarla.

La mia casa sui Navigli divenne il nostro rifugio: per me, per lei e di tanto in tanto per il suo gatto, a cui avevo iniziato ad affezionarmi.

Dividere la mia vita con Sara era un'avventura, ogni giorno scoprivamo qualcosa di nuovo l'uno dell'altra. E il nostro amore cresceva. Non era come innamorarsi follemente o bruciare di desiderio. Era diverso, più profondo, come se qualcosa di lontano dal mio mondo fosse diventato improvvisamente parte di me.

Sara era tutto quello che non avevo mai saputo di volere. Avevamo infranto le regole, sfidato le convenzioni e alla fine trovato qualcosa di raro e prezioso: un amore che nessuno dei due avrebbe mai dimenticato.

Grazie a un po' di coraggio, quella notte a Porto mi aveva regalato tutto questo. C'è una frase di Seneca che mi risuona dentro da quando ero solo uno studente alle prime armi: l'amore non può convivere con il timore. E questa è la prima lezione che ho imparato: l'amore che sogni è proprio davanti a te. Non lo vedi perché si nasconde dietro a tutte le tue paure.

Non lo vedi ma è già lì.

Se smetti di incastrare i pezzi
e la relazione si sgretola,
significa che eri l'unico a volerla tenere insieme.
Alcuni legami sono come un puzzle:
togli il tuo pezzo e non rimane più niente.

Lezione numero due

Porto per noi è stato un luogo importante per diversi motivi. La nostra storia è passata più volte da quella città. Tutto era iniziato lì, e ogni volta che ci tornavamo in qualche modo ci sembrava di riscoprirci.

La nostra vita a Milano aveva esigenze diverse, con giornate frenetiche e impegni che ci sembravano sempre molto complicati. Entrambi uscivamo la mattina presto, per andare io in università, lei in ufficio. Io poi rientravo il tardo pomeriggio, mentre Sara a volte addirittura dopo cena.

Poi qualcosa cambiò. La capa di Sara era prossima a una promozione, quindi lei vedeva finalmente la possibilità di prendere il suo posto. Ma questo avrebbe significato anche molte più responsabilità, e più stress. Non che non fosse abituata ai sacrifici. Sara si era sempre rimboccata le maniche.

È cresciuta a Venezia, circondata dalla magia della laguna, ma non è rimasta a fissare le onde comodamente seduta al tavolino di un bar di piazza San Marco. Ha origini modeste: i suoi genitori, Claudia e Rino, entrambi artigiani del vetro, lavoravano in un piccolo laboratorio al pianoterra della casa in cui viveva la famiglia. Poco spazio e tante cose da fare. Per questo, fin da piccola Sara ha imparato il valore del lavoro duro, osservando i suoi genitori e aiutandoli nella loro bottega.

Per lei fu molto difficile raccontarmelo. Era come se indossasse sempre una maschera, quella della donna in carriera che non chiede mai nulla a nessuno e nasconde così tutte le sue fragilità.

Poco prima della promozione, il proprietario della casa in cui viveva iniziò ad alzare le spese più volte, finché non ci litigò. Arrivò a pretendere praticamente il doppio di affitto.

Era da settimane che le stavo chiedendo di «ufficializzare» la convivenza da me e trasferire le sue cose, dato che era più il tempo che passavamo in casa mia che quello che passavamo ognuno nella propria.

«È un passo importante, Marco. Sento ancora l'esigenza di un posto tutto mio.»

«Casa mia è grande, avrai tutto lo spazio che vuoi...»

Ma ancora non demordeva, e io portavo pazienza. Non volevo metterle fretta, stavamo insieme da qualche mese e volevo che si sentisse davvero pronta.

Finché non ci fu quel litigio con il proprietario di casa, che complicò le cose.

Da giorni la vedevo particolarmente stressata, così un venerdì, appena chiusa l'ultima chiamata di lavoro, le proposi di uscire a fare due passi, giusto per distrarla un po' dalle preoccupazioni. Ci fermammo a prendere due calici di rosé e passeggiammo lungo il Naviglio Grande, mentre il sole calava lentamente. È l'ora che preferisco.

Le lucine appese che penzolavano tra i canali, il cielo che si tingeva di arancione riflettendosi sull'acqua calma. Era una bella serata di metà settembre, ma nell'aria sentivo già quel primo accenno di autunno che rende ogni cosa un po' più malinconica. Parlammo di tutto e di niente, ma notai che c'era qualcosa che la agitava. Più entri nella vita di qualcuno, più noti se la tela ha qualche strappo.

A un certo punto fui diretto: «Cosa c'è che non va, Sara?»

Lei non si stupì, anzi, sembrava che non aspettasse altro.

«Ora quell'imbecille mi chiede quasi il doppio dell'affitto, solo perché tra poco scade il contratto. Sa che i prezzi sono aumentati e ne vuole approfittare. Ma io non posso permettermelo, non adesso. La situazione in ufficio è complicata, devo aspettare un po'. Non voglio fare pressione proprio ora che la mia capa potrebbe essere promossa da un momento all'altro.»

«E se chiedessi una mano ai tuoi?» suggerii cautamente.

«I miei? Manco morta! Non gli posso più chiedere neanche un euro!»

Sapevo che si era laureata alla Bocconi, che non ha una retta proprio alla portata di tutti, perciò avevo dedotto che la sua famiglia potesse aiutarla, ma al contrario di quello che pensavo non era la classica «figlia di papà».

Fu proprio in quell'occasione che mi raccontò dei suoi genitori e dei sacrifici che avevano fatto per pagarle gli studi. Mi confessò di sentirsi estremamente grata, ma allo stesso tempo terribilmente in debito. Per questo durante gli anni di università aveva deciso di pesare il meno possibile sui suoi, buttandosi in un lavoretto dopo l'altro: ragazza immagine in discoteca, barista, corriere, cassiera, baby sitter, dog sitter. Si era sacrificata molto, e aveva continuato anche dopo la laurea. Aveva spedito curriculum a chiunque finché il suo profilo era stato notato da una multinazionale tedesca di beni di largo consumo, il gruppo Rich-Blanc & Co., una società importantissima.

Lì aveva iniziato subito a lavorare nel dipartimento marketing come semplice stagista, un ruolo che per lei era stato un trampolino di lancio. Era sempre la prima ad arrivare in ufficio: quando i colleghi stavano ancora bevendo il caffè, lei era già incollata alla scrivania da tempo. Se ne andava solo a tarda sera, e le domeniche erano un giorno in più per dimostrare che il suo stacanovismo non conosceva ostacoli. Certo, tutto questo aveva un prezzo: ogni tanto si chiudeva nel bagno dell'ufficio a piangere dalla stanchezza. A parte il suo gatto non aveva amici, e i colleghi non perdevano occasione per metterla in difficoltà. Ma lei non si era mai fermata davanti a niente e aveva rapidamente scalato le gerarchie aziendali.

In quel momento però stava attraversando un periodo di stallo e doveva stringere i denti. Fu allora che provai di nuovo a convincerla.

«Sara, questo è il momento giusto per portare anche lo spazzolino da denti, da me.»

«Sai che ho bisogno della mia indipendenza e dei miei...»

La interruppi: «Dei tuoi spazi, lo so. Ma ti assicuro che li avrai, ti lascerò tutto lo spazio che vuoi».

«E Romeo?»

«C'è spazio anche per Romeo, ci mancherebbe. Ormai è parte della famiglia.»

Sorrise, poi provò a controbattere un'ultima volta: «E se litighiamo?»

«Se litighiamo io dormo nella camera degli ospiti, o alla peggio uno dei due può dormire in albergo. Ci costerebbe sempre meno che mantenere quell'appartamento vuoto.»

Lei sgranò gli occhi e mi fissò per qualche istante. Non mi

ero nemmeno accorto di aver usato il plurale: quel «noi» mi uscì senza pensarci.

Iniziai a sentire un leggero imbarazzo, come quando si vuole dire a qualcuno «Ti amo» ma non si sa se sia giusto farlo per primi.

«Ho esagerato?» chiesi, sentendo la confusione nella mia voce.

Lei scoppiò a ridere. «No, non hai esagerato» rispose, scuotendo la testa. «Sono io che non sono abituata a usare il plurale con nessuno su questioni che riguardano più che altro me stessa. Ma stiamo andando in quella direzione, no?» Fece una pausa, come se cercasse le parole giuste. «È il momento che io impari ad accettarlo.»

«Solo se te la senti...» le dissi, accarezzandole la schiena.

«Certo che me la sento!» esclamò, più sicura. «Ho solo bisogno di un po' di pratica, ma per fortuna conosco un professore che potrebbe darmi qualche lezione.»

Non persi un secondo. La baciai, affondando in quel bacio come se fosse la cosa più naturale del mondo. «Tutte quelle che vuoi» le sussurrai contro le labbra. Restammo abbracciati per qualche minuto, come se il mondo intero potesse scomparire.

«Ecco, proprio lì» dissi indicando un piccolo ponte «è il mio posto preferito. Da lì si vede il canale che si perde verso l'orizzonte.»

«Marco, aspetta, io...» la sua voce era improvvisamente seria.

Mi girai verso di lei, cercando di leggere l'espressione sul suo viso. «Non te ne frega niente del mio ponte, eh?» scherzai.

«Sei davvero sicuro di voler iniziare una storia così seria con me?» disse tutto d'un fiato, come se ogni parola le costasse una fatica immensa.

«Non l'ho già fatto?» risposi, senza capire dove volesse andare a parare.

«Dico davvero, Marco. Non sono una persona facile. Ho le idee piuttosto chiare su come immagino il mio futuro, e il lavoro in questo momento per me viene prima di tutto.»

«Questo lo so, ce lo siamo già detti. E a me sta bene così.»

«Perché tu ora sei giovane... Ma sei sicuro che ti andrà bene anche tra qualche anno?»

Rimasi in silenzio per un attimo, cercando di capire cosa mi volesse dire davvero.

Lei approfittò della mia esitazione e continuò: «Ti rendi conto che ho quasi quarant'anni e che non sono il tipo di donna che pensa a mettere su famiglia?»

Si morse un labbro. Capii che era nervosa, come se quell'argomento la mettesse a disagio, o come se avesse paura della mia risposta.

«Neanch'io sono quel tipo di persona» dissi di getto. Era stata una risposta impulsiva, non ci avevo davvero pensato. Volevo solo che sorridesse, e che capisse quanto l'amavo.

«Dici sul serio?»

«Certo» risposi, chiudendo il discorso con la leggerezza dei miei vent'anni. La abbracciai. «Staremo benissimo, insieme» conclusi.

Sara si aggrappò a me, stretta stretta.

«Grazie, professore» sussurrò «per tutto questo. Avevo davvero bisogno di un momento così.»

«Anch'io...» Sentivo il cuore battere forte. «Anch'io.»

Se non altro la grammatica dei sentimenti è molto complessa, ma allo stesso tempo straordinariamente chiara. Probabilmente era quello l'inizio della seconda lezione: l'amore non è, l'amore siamo.

Qualche giorno dopo andammo a prendere le ultime cose che Sara non aveva ancora portato da me, e iniziammo a chiamare «nostra» la casa che fino a quel momento era stata «mia».

Ero cresciuto in quel quartiere di Milano, e poterlo condividere con lei mi riempiva di felicità. Era come se avessi iniziato un corteggiamento nel corteggiamento: volevo disperatamente che lei si innamorasse di questa piccola ma accogliente parte di mondo. Cosa affatto semplice, dato il periodo complicato che stava attraversando. Tornava a casa sempre molto tardi, e spesso non staccava gli occhi dal telefono o dal computer. Per lei il lavoro veniva prima di tutto.

Tutto sommato la nostra vita funzionava bene anche così. E quando Sara non c'era io mi chiudevo nel mio studio a leggere, a scrivere, a studiare. Una solitudine che non mi dispiaceva e lasciava libero il mio lato più creativo. Avevo bisogno di tempo e silenzio per dedicarmi al lavoro e impegnarmi per diventare presto professore. Da quel punto di vista Sara era la compagna perfetta. Non essendo quasi mai in casa, non mi avrebbe visto gesticolare come uno scemo in soggiorno provando a tenere una lezione di filosofia davanti a una platea immaginaria.

Quando la sera rientrava tardi, spesso mi trovava addormentato tra le mie carte. Mi svegliava con un bacio e si sdraiava di fianco a me. Ci perdevamo nel sonno così, ognuno sfinito dal proprio lavoro, ma felici e insieme.

A volte la mattina usciva di casa prima ancora che io mi svegliassi. Quando capitava, mi lasciava sempre un biglietto sul tavolo della cucina. Poche, dolci parole, come quella prima mattina a Porto. Erano i piccoli gesti a far funzionare la nostra storia. Avevamo trovato un equilibrio perfetto tra il mio mondo e il suo.

C’è una linea, che non è per niente sottile,
tra chi ha tempo per te e chi non ne ha,
e quella linea si chiama interesse.

A volte in amore basta una folata di vento per perdere l'equilibrio. La promozione tanto attesa a direttrice marketing finalmente arrivò, e fu una vera e propria bora che portò con sé ritmi nuovi e ancora più frenetici. Sara stava finalmente coronando il suo sogno, e io volevo starle accanto, cercando di rendere tutto un po' meno complicato.

Era passato un anno esatto da quando ci eravamo conosciuti, così decidemmo di trascorrere il nostro primo anniversario a Porto. Stesso giorno, stesso hotel, stessa voglia di ribellarci. E fu anche l'occasione di fare staccare Sara dal lavoro.

Io ero stato invitato di nuovo alla serata della premiazione. Le regole prevedevano che fosse il vincitore dell'anno precedente a passare il testimone e consegnare il premio, e del gruppo di ricerca della mia università ero stato scelto io. Così organizzai una fuga romantica per festeggiare l'anniversario e i nostri compleanni. In un certo senso mi affascinava anche l'idea di creare qualcosa di «solo nostro», una specie di appuntamento sulle rive del fiume Douro che ci avrebbe ricordato come ci eravamo innamorati.

Arrivammo il 19 marzo, giusto in tempo per l'evento.

La sala da concerto della Casa da Música era già piena di giornalisti e addetti del settore. Iniziai a sentire le gambe che mi tremavano: questa volta sarei stato da solo sul palco, e tutti gli occhi sarebbero stati puntati su di me. L'anno precedente, dopo la consegna del premio, il progetto sull'etica nell'intelligenza artificiale a cui ci eravamo dedicati aveva catalizzato molto interesse, e molte importanti università italiane ed europee corteggiavano sia me sia i miei colleghi. Io però stavo bene dov'ero. Volevo solo godermi i risultati del mio lavoro, continuare a fare ricerca e giocare tutte le mie carte per diventare professore a Milano.

Prima di salire sul palco feci un respiro profondo e guardai Sara, di fianco a me. Aveva rinunciato a un importante impegno di lavoro che l'amministratore delegato le aveva proposto all'ultimo. La stimava molto e la coinvolgeva in quanti più progetti possibili, opportunità che Sara solitamente non si faceva scappare.

Le avevo detto di non preoccuparsi e che avrei capito, ma lei era stata piuttosto sorprendente: «Caro mio bel professore, questa volta il lavoro viene dopo. Per un paio di giorni possono vivere senza di me».

Era uno di quei gesti che, per quanto piccoli, facevano una differenza enorme.

Mio padre non c'era, ma Sara sì. E questo bastava.

Quando scesi dal palco, il suo abbraccio mi tolse il fiato.

«Sei stato perfetto e devo dire anche piuttosto sexy!» mi sussurrò nell'orecchio.

Scappammo via dalla Casa da Música come due ladri, in silenzio, senza salutare nessuno e senza attendere i brindisi finali. Avevamo bisogno di stare da soli, di amarci lontani da tutto.

Camminammo per Porto mano nella mano, occhi negli occhi.

Attraversammo la città e poi arrivammo al Ponte Dom Luís I, che collega Porto alle cantine sull'altra sponda del fiume Douro.

Ci fermammo ad ammirare il panorama. C'era molta gente, tutti erano fermi a guardare il sole che dipingeva l'orizzonte. Per i portoghesi quel momento è una specie di rito. I bar intorno a noi erano pieni di turisti e gente del luogo che bevevano vino, ridevano, si rilassavano. Un gruppo di musicisti di strada suonava melodie malinconiche. Era come se ogni nota, ogni sorso di alcol, ogni sorriso condiviso tra gli sconosciuti contribuisse a creare un quadro perfetto.

Dopo esserci goduti la vista, decidemmo di fare una passeggiata lungo il fiume, nella zona delle cantine, che con le loro insegne antiche e i profumi intensi di legno e uva fermentata avevano un fascino irresistibile. Ci fermammo nella cantina della Graham's, un luogo accogliente con pareti di mattoni a vista e scaffali pieni di bottiglie pregiate.

Fu lì che incontrammo una coppia di italiani, Davide e Giulia. Sara li conosceva già, o meglio conosceva Davide. Lui era il primario del reparto di cardiologia di un grande ospedale di Milano. Si erano incontrati durante alcune convention sui prodotti benessere della Rich-Blanc & Co.

«Non ci posso credere, Davide!» esclamò Sara, abbracciandolo. «Ma che coincidenza incredibile trovarti qui!»

«Il mondo è piccolo...» rispose lui ridendo.

Era un uomo alto, con spalle larghe e un taglio di capelli perfetto. Indossava dei pantaloni che lasciavano le caviglie scoperte e un paio di mocassini rossi che non riuscii a non notare. Dovrebbe essere illegale vestirsi così. Di fianco a lui, la sua compagna, Giulia, sembrava quasi una ragazzina: piccola, minuta, con due occhi neri e profondi e dei capelli ricci tenuti insieme da un elastico colorato. Sembrava molto più giovane di lui, e mi domandai se anch'io e Sara facessimo la stessa impressione agli occhi degli altri: una coppia affiatata, sì, ma male assortita.

Giulia mi sorrise in un modo così ingenuo che per un attimo mi incantò, poi Davide prese la parola.

Senza che nessuno glielo avesse chiesto, iniziò a raccontare della loro vacanza, del giro che stavano facendo e delle città che avrebbero ancora voluto esplorare.

«E voi? Che ci fate da queste parti?»

«Noi festeggiamo il nostro anniversario» spiegai, stringendo la mano di Sara.

«Come ha fatto uno come te a conquistare la direttrice marketing della Rich?» mi domandò lui, cercando di fare il simpatico. Aveva un tono che mi infastidì.

«Molta fortuna!» risposi, cercando di non irrigidirmi troppo.

«Sono io la fortunata» ribatté Sara, sciogliendo in un attimo il gelo che si era creato.

L'atmosfera si rilassò, Davide ordinò una bottiglia per tutti e brindammo a quell'incontro casuale.

Quella sera finimmo un po' per caso a esplorare la valle del Douro insieme. Le cantine di Porto ci accolsero con i loro aromi intensi e le storie di tradizioni antiche. Tra un bicchiere e l'altro le risate si fecero sempre più forti e le conversazioni più intime. Giulia ci raccontò di come avesse lasciato un prestigioso lavoro da avvocato per dedicarsi a una vita più tranquilla, equilibrata. Mi ricordava mia sorella, solo che lei era comunque rimasta a Milano. Faceva l'insegnante di yoga e praticava tutti i giorni (e dalle sue gambe in effetti si notava eccome). Sembrava anni luce lontana da Sara e da me, ma anche da Davide. Erano come il giorno e la notte: lei così spontanea e rilassata, quasi naïf, lui molto sicuro di sé e con un'opinione su tutto.

Alla fine ci ritrovammo in una piccola taverna, con l'ultimo giro di Porto in mano.

«Non vi sembra che questa città abbia un'energia speciale?» chiese Giulia.

«Assolutamente sì» risposi. «È come se sapesse esattamente come prenderti per mano e farti dimenticare tutto il resto.»

«Sapete» intervenne Davide «secondo una leggenda chi si ubriaca qui torna sempre.»

Sara, con un bicchiere in mano e gli occhi che brillavano, rispose: «Be', in questo caso… Ci vedremo spesso!» Poi si girò verso di me. «Appuntamento qua l'anno prossimo, prof?»

«Io ci sto. Ci troviamo qui, stesso giorno stessa ora!» risposi, prima di proporre un brindisi.

Ridemmo fino a tardi e tornammo in hotel con il cuore leggero e la testa un po' confusa. Ma nulla ci impedì di fare l'amore con tutta la foga che avevamo in corpo, prima di addormentarci. Anche quella volta finimmo esausti, avvolti dal sudore e dalle lenzuola umide.

Ho sempre pensato che da ubriachi il sesso assuma un sapore più divertente, soprattutto quando sei con la persona che ami. I freni inibitori spariscono e l'intimità è ancora più profonda: è lì che hai il coraggio di scoprire le parti più nascoste di te.

Lo adoravo. Non solo perché la connessione tra me e Sara era ogni giorno più forte, ma anche perché lei si concedeva in modi sempre nuovi.

Al lavoro era una donna seria e determinata, con una volontà d'acciaio che niente poteva scalfire. Sempre pronta a prendere il controllo. Ma nell'intimità era tutta un'altra storia. Lì, lontana dalle luci del «palcoscenico professionale», mostrava un lato diverso, più vulnerabile. In quei momenti non era lei a guidare, ma voleva essere guidata. Amava lasciarsi andare, concedendosi la libertà di abbandonare quella corazza di forza e sicurezza di sé che indossava ogni giorno. Era come se cercasse un rifugio dove potersi finalmente rilassare e lasciare che qualcun altro prendesse le redini. Io ero felice di essere quel rifugio per lei, e in più mi eccitava terribilmente.

In camera da letto vedevo il suo sguardo cambiare, come se entrasse in modalità preda, e in un attimo i suoi occhi, di solito così penetranti e decisi, diventavano lucidi, quasi imploranti. Un invito silenzioso che mi faceva sentire un misto di desiderio e protezione.

Nei due giorni seguenti uscimmo dalla nostra stanza solo per mangiare. Brevi fughe nel mondo reale per poi tornare tra le lenzuola: facevamo l'amore senza tregua.

Le piaceva farsi legare le mani al letto con un suo foulard di seta, poi sentirmi dietro di lei, ad aprirle le cosce e divorarla con la bocca. Io ero sempre più affamato e lei sempre più disinibita.

L'ultimo giorno, prima del check-out, ci svegliammo con calma.

«Sai» dissi a Sara mentre facevamo colazione «questo viaggio mi ha fatto capire una cosa.»

«Cosa?» chiese lei, guardandomi con curiosità.

«Che non importa quanto impegnati siamo, quanto stressati o occupati. Ciò che conta davvero sono i momenti come questi, in cui ci fermiamo e viviamo.»

Sara sorrise. «Hai ragione. Dovremmo tornare qui, l'anno prossimo!»

«E anche quello dopo» dissi io, come cercando una promessa.

A Milano Sara si ritagliò del tempo per occuparsi della casa, per sentirla più sua. Non avrei mai immaginato questo suo lato casalingo, che mi sorprese e mi entusiasmò molto. Cominciò facendo piccoli lavoretti, come trasformare la camera degli ospiti in un ufficio, poi si dedicò a trasformare il bagno che avevamo in camera da letto in una grande cabina armadio per tutti e due.

Sparse in ogni stanza giochi per Romeo, perché anche lui doveva sentirsi a casa. Io mi limitai a riempire di piante il terrazzo. Non che non volessi prendere parte alle decisioni, ma ero convinto che dovesse sentirsi libera di contaminare lo spazio in base alle sue esigenze. D'altronde, una delle cose per cui mi intendo alla grande con il vecchio anarchico Michail Bakunin è questa: «La libertà dell'altro estende la mia all'infinito».

Vivere insieme ci stava insegnando tanto. Avevamo persino creato un regolamento condiviso da seguire; un'idea di quella macchina del buonsenso che era Sara, ma con un pizzico della mia creatività.

Regole della convivenza:

1. Se cade qualcosa, raccoglilo.
2. Se apri qualcosa, chiudilo.
3. Se sporchi qualcosa, lavalo.
4. Se rompi qualcosa, aggiustalo.
5. Se qualcosa non è tuo, rispettalo.
6. Se hai sbagliato, scusati.

Mi impuntai solo per riempire un vuoto, un settimo punto secondo me essenziale: «Se l'animale è tuo, curalo» che ovviamente, su insistenza di Sara, cambiammo in: «Il gatto è il nostro padrone. Va curato e servito».

Sara non aspettò molto prima di fare un breve regolamento interamente dedicato a Romeo.

Quando vieni qui, ricordati:

1. Questa adesso è casa mia, non tua.
2. Se non ti piace avere i miei peli sui tuoi vestiti, non venire.
3. Pulisci più spesso la lettiera che il tuo bagno.

Mi ritrovai a sottoscrivere persino questo regolamento. Iniziavo ad amare anche questo di lei, pur temendo che di lì a poco avremmo stilato regole per tutto, persino su come fare il bucato o preparare un tramezzino al tonno.

Ma il peggio doveva ancora arrivare. Presto fu il tempo delle presentazioni ufficiali alle famiglie. Per me fu quello il vero trauma. Convincere i miei genitori, separati da più di dieci anni, a partecipare a un pranzo insieme fu un'impresa titanica. Immaginate di far sedere una tigre e un leone a tavola insieme: posso garantirvi che è stata più o meno la stessa cosa.

Né io né mia sorella abbiamo mai capito che cosa li avesse fatti litigare. Ce li ricordavamo molto uniti durante la nostra infanzia, una coppia affiatatissima. Per un periodo hanno persino lavorato insieme. Probabilmente però non tutti reggono la formula «Amore + Lavoro», e se da un lato ci sono Sandra e Raimondo, dall'altro c'erano loro.

Mio padre Alberto, milanese doc, aveva rilevato con i risparmi uno storico ristorante nel cuore di Milano. Con dedizione e talento imprenditoriale aveva trasformato Il Buongustaio da vecchia osteria in un bistrot con champagneria decisamente chic, rendendolo uno dei locali più *in* di Milano. Mia madre Paola invece è un'avvocata divorzista, ma per anni ha aiutato mio padre con il ristorante. Non solo gestiva ogni contratto, dai fornitori ai dipendenti, ma condivideva con lui ogni aspetto dell'azienda.

Un giorno però non ne ha più voluto sapere nulla, né di lui né del ristorante. Inaspettatamente è tornata a lavorare in tribunale per sciogliere un matrimonio dietro l'altro. Ma la cosa paradossale è che lei e mio padre non hanno mai divorziato: si sono solo separati, lasciandoci crescere con una famiglia spezzata ma in due case vicine, quasi attigue. Sui Navigli a Milano. Almeno fino a quando mia madre non ha deciso di punto in bianco di trasferirsi a Rapallo alla ricerca di ritmi di vita meno stressanti e mi ha lasciato casa sua. Non c'è stato nemmeno bisogno di discutere con Alice, che aveva già iniziato a girare per il mondo.

Il piano iniziale prevedeva un pranzo al ristorante. Mio padre propose di andare tutti al Buongustaio, ma mia madre ovviamente non ne volle sentir parlare. Così, dopo giorni di mediazione, concordammo un aperitivo in territorio «neutrale»: la terrazza di casa nostra. Ci sarebbe stata anche Alice.

Era una serata piacevole, il sole calava lentamente colorando il cielo di arancione e rosa e si rifletteva sul Naviglio. Li stavo aspettando in terrazzo, teso come una corda di violino. Alice, la mediatrice di famiglia, era già in casa per aiutarmi a sistemare tutto. Mio padre arrivò per primo, portando con sé due bottiglie di champagne e un sorriso di orgoglio nel vedere il mio appartamento ordinato. Poco dopo fece il suo ingresso mia madre, impeccabile come sempre, con un mazzo di fiori e un sorriso compiaciuto nel vedere l'appartamento riarredato per una coppia. Vedermi impegnato seriamente in una relazione la riempiva di gioia.

Sara, in ritardo per un imprevisto di lavoro, arrivò per ultima e fu praticamente accerchiata, con tutti che aspettavano solo di conoscerla.

«Sara, devo dire che ti ammiro molto» iniziò mio padre mentre versava il primo giro di champagne. «Marco mi ha raccontato dei tuoi successi sul lavoro. Continua così perché ti stai costruendo davvero una grande carriera!»

«Grazie, Alberto» rispose lei con un sorriso timido ma soddisfatto. «Faccio del mio meglio.»

Si presero subito in simpatia.

Mia madre invece, sorseggiando dal suo calice, aggiunse: «Ma non dovresti rallentare un po'? La carriera è importante, certo, ma la famiglia lo è altrettanto...»

Sara rispose con grazia: «Cerco sempre di trovare un equilibrio».

«Ah, bene... Allora a quando un nipotino?» incalzò mia madre, turbando la calma del momento.

A Sara, presa in contropiede, andò di traverso lo champagne e iniziò a tossire leggermente.

«Mamma!» esclamai io, cercando di troncare subito il discorso.

Ma lei non si arrese. «Be', è una domanda legittima! A una certa età bisogna iniziare a chiedersele, queste cose.»

Sara si irrigidì. Sapevo come la pensava, e sapevo che l'argomento figli la metteva in difficoltà. Ma era stato quell'appunto sull'età a farla innervosire. Mia madre era stata a dir poco indelicata.

Feci per ribattere, ma mio padre mi anticipò. «Ma come ti viene in mente di dire una cosa del genere?» sbottò.

Da lì tutto precipitò.

«Eh, caro mio, il tempo passa, è bene che qualcuno glielo faccia capire!» continuò imperterrita mia madre.

«Non devono mica avere figli per forza! Magari sono contenti così.»

«Ah, contenti così, dici? E cosa devono fare? Lavorare e basta?»

«Se lo vogliono sì. Ci renderanno orgogliosi con le loro carriere!»

«Alberto, tu non sei nemmeno venuto a Porto per la premiazione di tuo figlio!»

«Non hanno premiato lui, hanno premiato il gruppo di ricerca!»

«Le ricerche mica si fanno da sole. Hanno premiato la ricerca che ha fatto Marco!»

Il vecchio astio riemerse in un attimo.

Provammo a fermarli, ma non ci fu verso. Di solito, quando iniziano a litigare la discussione può solo finire con uno dei due che abbandona la stanza. Quella sera se ne andarono entrambi; li sentimmo che continuavano a litigare persino mentre si incamminavano lungo la strada, ognuno verso la propria macchina.

Per quanto la vita possa remarti contro, niente ti mette a dura prova come la famiglia.

Qualche giorno dopo, complice Alice, Sara riorganizzò un incontro separato. Prima con mio padre al ristorante, dove ci godemmo una cena tranquilla e affettuosa. Poi un weekend a Rapallo con mia madre: nonostante qualche frecciatina passeggiando sul lungomare e assaporando la focaccia calda, riuscimmo a superare anche quello. *Divide et impera.*

Alla fine Sara conquistò entrambi i miei genitori, e io mi sentii finalmente sollevato. So che non è così per tutti: in fin dei conti sono io che devo scegliere lei, non la mia famiglia. Ma per me trovare un'armonia tra le persone che amo era fondamentale, e dopo l'incontro con i miei genitori ero sempre più convinto di avere accanto una donna straordinaria.

Con i suoi genitori, invece, fu tutto molto più semplice. Sara non aveva mai avuto storie serie, non aveva mai convissuto con nessuno se non con il suo gatto. Quindi, quando parlò loro di me per la prima volta pensarono che fosse uno scherzo. In fondo anche per loro era sempre stata «Sara-la-workaholic-single-incallita».

Ricordo che ero in terrazzo ad annaffiare le piante quando arrivò di soppiatto dietro di me e disse: «Ora chiamo i miei e gli racconto di noi!» Era impaurita ed eccitata al tempo stesso. Mi chiese di ascoltare la telefonata, come se dovesse confessare chissà quale segreto. Non capii subito perché. Ci sedemmo in terrazzo, al tavolino in ferro battuto che affacciava proprio sul Naviglio Grande.

Dopo qualche telefonata a vuoto, finalmente sua madre richiamò. Prima Sara si assicurò che ci fosse anche suo padre, poi li fece sedere comodi e cominciò il suo spettacolo: «Allora, non prendete impegni per venerdì prossimo. Facciamo un aperitivo insieme. Vengo a trovarvi con Marco».

In un attimo diventò rossa. Era imbarazzatissima, glielo si leggeva sul viso. Iniziai a capire il perché di tutta quella agitazione.

«E chi è Marco?» le domandarono in coro.

Ci guardammo negli occhi cercando di non scoppiare a ridere.

«È il mio fidanzato. È un filosofo, lavora all'università e conviviamo da qualche mese. Sono innamorata pazza!»

Alla fine non riuscimmo più a trattenerci e scoppiammo tutti a ridere. Era incredibile come Sara riuscisse a dare ordini a un ufficio intero ma andasse in crisi nel confidare ai suoi genitori di essersi innamorata. L'amore era totalmente fuori dalla sua *comfort zone*. Dopo tutta quell'ansia, prenotò un tavolino in un bar con vista sui canali *et voilà*, presentazioni fatte.

I suoi genitori erano persone semplici, gentili e affabili. Ci accolsero con affetto, rendendo tutto molto meno complicato. Il bar era piccolo ma accogliente, nascosto tra le calli veneziane, con una terrazza affacciata sull'acqua, dove le gondole passavano lente e creavano onde leggere.

Non avevo mai visto Sara così emozionata, e io mi sentii come se fossi sempre stato parte di quella famiglia. Con loro veniva tutto così naturale... Nessuna domanda scomoda, nessuna tensione, nessun dramma. Al contrario, percepii un calore che mi commosse. Immaginai che cosa volesse dire crescere in una famiglia così unita e serena, e per un attimo sentii di desiderare lo stesso.

Anche Sara e io avremmo potuto avere dei figli, creare la nostra famiglia. Insomma, non era nei piani, ma non sarebbe stato poi così male. Sorrisi a quel pensiero e le presi la mano. Le ero grato per quel momento di pura felicità che mi stava regalando, e mi chiesi se lei provasse lo stesso.

Certo, l'amore non è una semplice questione di contabilità, non si può tenere un bilancio di chi fa questo o quello, di chi fa di più o di meno. E chi vince? Nessuno. In amore, con i bilanci si perde sempre. Ci sono momenti in cui dobbiamo dare senza aspettarci nulla in cambio, e altri in cui abbiamo bisogno di ricevere più di quanto possiamo offrire.

Convincere qualcuno a dedicarti del tempo?
Pessima idea.
Rincorrere chi non vuole esserci
è come provare a catturare l'acqua con le dita:
inutile e frustrante.
Alla fine resti solo con mani vuote e tempo perso.
Certi gesti valgono solo se sono fatti spontaneamente,
non perché abbiamo elemosinato attenzioni.

Per il secondo anniversario mantenemmo la promessa e tornammo a Porto, con più entusiasmo che mai. L'anno dopo però pensammo di cambiare meta per esplorare nuovi posti.

«Si avvicina il nostro terzo anniversario. Sei pronta?» chiesi una sera poco prima di Natale, mentre aspettavamo il dolce al Buongustaio. Avevo convinto Davide e Giulia a provare il ristorante di mio padre; ormai li frequentavamo spesso. Come sempre l'atmosfera in quel luogo era affascinante: le pareti ricoperte di fotografie in bianco e nero di una Milano d'altri tempi, i tavoli in legno scuro e le luci soffuse. Cenammo mentre musicisti jazz suonavano dal vivo. Non era proprio il fado, ma ci ricordava il nostro incontro a Porto. Davide e Giulia erano usciti a fumare, lasciandomi solo con Sara.

«Sono già passati tre anni?» disse.

«Che ne dici di provare qualcosa di diverso, questa volta?» proposi.

«Per diverso intendi andare a Porto con Davide e Giulia?»

«No no, è un momento solo nostro, non potrei mai condividerti per l'anniversario. Però pensavo che potremmo volare da un'altra parte...»

«E dove?»

«Magari Parigi?» suggerii, mentre già ci immaginavo a passeggiare mano nella mano lungo la Senna. «Conosco un ristorantino sulla Rive Gauche che ti piacerebbe moltissimo.» La mia mente stava correndo lontano, ero entusiasta.

Ma Sara non mi stava più ascoltando. Con un sorriso poco convinto, disse solo: «Va bene, va bene. Mi hai convinta. Andiamo a Parigi. Ma dobbiamo incastrare le date. Ho un progetto importante che devo seguire».

Quella piccola premessa fu la vera sfida che stava per entrare nella nostra vita. Mi spiego meglio: Sara stava ridefinendo le sue nuove priorità, e anche se non l'avevo ancora capito, in quella piccolissima precisazione si nascondevano i problemi che avremmo dovuto affrontare di lì in avanti.

Più passava il tempo, più lei si fece di nuovo risucchiare dal vortice del lavoro. All'inizio non soffrivo le sue assenze, o almeno così pensavo. Sara era spesso via, impegnata in trasferte, riunioni infinite e progetti prestigiosi. Certo, mi mancava, ma per me erano anche occasioni di ritrovare i miei spazi e dedicarmi allo studio. Ero stato da poco nominato professore associato, un traguardo davvero importante considerata anche la mia giovane età, e dovevo concentrarmi sul mio nuovo incarico. Per la prima volta avevo un'aula tutta mia in cui fare lezione, eppure i giorni passavano e io mi rendevo conto di non essere felice come mi sarei aspettato. Sentivo un vuoto che non riuscivo a riempire nemmeno con la soddisfazione di tenere finalmente un mio corso.

Dopo qualche tempo provai ad aprirmi con Sara, ma quando cercai di parlarle di quelle sue assenze mi bloccai, come se qualcosa mi fermasse. Mi sentivo in difetto: d'altronde le avevo promesso che non avrei in alcun modo ostacolato la sua carriera e i suoi sogni. Mi morsi la lingua sempre più spesso, finché arrivò quel terzo anniversario.

Alla fine non festeggiammo in alcun modo. Parigi rimase un discorso in sospeso, come se nessuno dei due avesse voglia di parlarne davvero.

Perché? Non perché non fossimo felici, o perché non volessimo onorare quella tradizione, ma Sara tagliò la possibilità sul nascere.

«Scusami, ma l'azienda è in un momento di difficoltà, e io devo chiudere a tutti i costi un accordo con gli americani» mi spiegò.

Sul lavoro è sempre stata quel tipo di persona che avrebbe sacrificato tutto ciò che era necessario per raggiungere i propri obiettivi: la classica persona che, con un sorriso sicuro e uno sguardo deciso, riusciva a fare subito quello che va fatto, senza mai voltarsi indietro, anche se questo significava saltare un impegno di coppia.

Ci rimasi male, e molto. Gliene parlai. E quando lo feci me ne pentii subito. Iniziai a sentirmi spregevole per non essere fiero e felice dei sacrifici che stava facendo. Non volevo essere quel tipo di uomo che mette le proprie esigenze davanti a quelle della propria compagna. Nell'economia della nostra vita insieme, quell'anniversario alla fine non contava poi così tanto. Non ero certo un bambino a cui la mamma ha negato la festa di compleanno; avrei dovuto capire la situazione in cui si trovava Sara.

Tanto più che, qualche mese dopo, proprio quel progetto a causa del quale avevamo rinunciato al nostro viaggio la portò a essere nominata amministratrice delegata del ramo italiano dell'azienda.

Inizialmente non ci credeva neppure lei. Rientrò a casa con

uno sguardo attonito, mentre teneva il telefono incollato all'orecchio, in silenzio.

«Grazie per l'opportunità...» balbettò.

Poi chiuse la chiamata e lasciò cadere la borsa a terra. Io ero seduto su una poltrona a leggere un articolo, con Romeo accovacciato su di me. La guardai. Sembrava che avesse visto un fantasma.

«Tutto bene, amore? Sei pallidissima!»

«Stanno per licenziare il mio capo...»

«L'amministratore delegato?»

«Sì, lui» rispose confusa.

«Perché?»

«Troppi buchi. L'affare che ho chiuso il mese scorso con gli americani ha salvato il bilancio, altrimenti quest'anno sarebbe stato un disastro.»

«Mi dispiace. Ma quindi? Hai paura che buttino fuori anche te insieme a lui?»

«No, al contrario...» disse con un filo di voce. «Mi hanno chiesto di prendere il suo posto.»

Rimasi un attimo in silenzio, cercando le parole giuste. Poi parlai con cautela, sperando di non sembrare insensibile. «Be'... mi sembra una cosa bella, no?» dissi, tentando a fatica di trasmettere un po' di entusiasmo.

«Meravigliosa...» mormorò, con gli occhi lucidi. Poi mi afferrò il viso con entrambe le mani e gridò: «Meravigliosa, Marco!»

Le sue labbra si tuffarono sulle mie con una passione travolgente. Mi staccai un attimo dopo, un sorriso stampato in volto, e presi una bottiglia di Borgogna dal frigo per festeggiare. Poi mi voltai verso Sara e la trovai immobile, quasi paralizzata. La sua espressione si era trasformata in qualcosa di cupo.

«Che c'è adesso?» domandai preoccupato.

«Sai cosa significa, vero?» mi puntò dritto negli occhi.

«Che intendi?»

«Dovrò viaggiare molto. Sarà difficile. Cambierà di nuovo tutto.»

«Sì, questo lo immaginavo. Però è quello che vuoi, no?»

«Non lo so... Dovrò sacrificare tante cose...»

«Tipo cosa?» le chiesi mentre iniziavo a stappare la bottiglia.

«Be', tipo noi due... I nostri progetti. Dei figli, magari...»

«Per adesso.»

«Direi più per sempre, Marco. Non ho mica trent'anni...»

«Sì, ok, ma non dobbiamo decidere tutto ora, giusto?» provai a minimizzare.

«Marco, smettila, non essere ingenuo. Ci aspetta un periodo duro. Devi esserne consapevole anche tu.»

«Non esagerare! È una promozione o una penitenza?» chiesi, scherzando.

Sara non mi rispose nemmeno: il telefono si mise di nuovo a squillare e lei corse a rispondere. Mentre andava in un'altra stanza la sentii dire: «Grazie, sono davvero lusingata. Non ho ancora deciso cosa fare, ma penso che accetterò».

Rimasi solo, con la bottiglia in mano, a fissare il muro della cucina, finché il tappo saltò improvvisamente, spaventandomi. Le sue parole mi avevano colpito come una lama affilata e continuavano a risuonarmi dentro.

Il futuro che in cuor mio avevo immaginato insieme a lei sembrava sgretolarsi davanti ai miei occhi, e la cosa peggiore è che mi sentivo impotente. Sara al contrario era eccitatissima.

Per motivi diversi dormimmo molto poco entrambi, sia quella notte sia i giorni successivi. Ci rendevamo davvero conto entrambi di cosa sarebbe successo se avesse accettato? Non lo so, e forse fui io a non farmi le domande giuste, ma quell'ennesima promozione fu un terremoto. Eravamo innamorati, è vero, ma a volte non basta.

Ecco un'altra lezione sull'amore che avrei dovuto imparare prima: se decidi di stare con qualcuno, devi mettere in conto che dovrai convivere con i suoi sogni, con le sue ambizioni e con i suoi progetti, e dovrai prendertene cura più di quanto faresti con i tuoi.

L'amore non basta. Essere innamorati non basta.

Ci si deve sopportare, spesso e volentieri.

Ci si deve tenere stretti, soprattutto durante le tempeste.

È questo che molti non considerano. Stringersi quando tutto va per il meglio e risplende il sole non è una dimostrazione d'amore: è godersi un momento felice. Quanto vale un amore, quanto è forte, lo puoi solo vedere nei momenti di difficoltà. E noi, forse già un po' bagnati dalla pioggia, stavamo per attraversare il nostro primo temporale.

«Marco, devo dirti una cosa» mi disse una sera, mentre cenavamo sul terrazzo.

Non erano passati neppure due mesi dalla sua promozione e le nubi sembravano già attraversare le finestre aperte, invadendo ogni stanza. In momenti come questo basta un soffio di vento per far piovere ovunque.

«Dimmi. Cosa c'è?»

«Ho fatto una proposta per comprare una casa a CityLife.»

Rimasi in silenzio per un attimo, cercando di digerire la notizia. «Sara, perché non ne abbiamo parlato prima?»

«Perché temevo che tu non fossi d'accordo e mi... frenassi.»

Disse quell'ultima parola quasi sottovoce, come se si vergognasse.

Io mi sentii gelare. «P… per… perché hai paura che io ti freni?» balbettai agitato. «Non mi sembra di averlo mai fatto.»

Lei non parlò subito, quindi continuai: «E poi pensavo che le decisioni le prendessimo in due…»

«Appunto, è un'opportunità incredibile per noi due.»

Speravo si trattasse di uno scherzo, ma più la guardavo negli occhi più vedevo una determinazione che non potevo ignorare.

Sono una persona selettiva
e funziono così:
se le tue attenzioni sono per tutti,
allora non sono per me.

Lezione numero tre

Quella sera litigammo, più di quanto avessimo mai fatto.

Sara cercava di gettare acqua sul fuoco. «Marco, ascoltami. Ho solo fatto una proposta, non sappiamo nemmeno se l'accetteranno.»

Ma più insisteva e più quell'acqua mi sembrava benzina.

«Hai solo fatto una proposta?» gridai agitato, alzandomi di scatto dalla sedia. Ero così fuori di me che non mi accorsi nemmeno di aver rovesciato a terra il cestino del pane. «Comprare una casa non è come comprare una borsa, Sara! Non prendermi in giro! Per fare questa proposta sarai andata a vedere l'appartamento, immagino.»

«Sì» rispose con naturalezza.

«Senza di me...» le feci notare con il briciolo di dignità che mi era rimasto in corpo. Poi raccolsi da terra quello che era caduto e mi avviai per rientrare in casa.

«Dove vai?» mi chiese con aria scocciata, come se quella mia reazione fosse solo una seccatura, non una questione di vitale importanza.

«A buttare questo pane!» risposi alzando la voce oltre misura.

«Ma è ancora buono. Dai, vieni qui che stiamo parlando.»

Non la ascoltai. Preso dall'agitazione, buttai nell'immondizia il cestino e rimasi con il pane in mano, guardandomi intorno un po' confuso. Sara mi aveva raggiunto e mi fissava come se fossi impazzito.

«Ovviamente la compro con i miei soldi» continuò.

«I tuoi soldi? Ma che c'entra?»

«C'entra eccome! Io non ho un appartamento di famiglia in cui vivere!»

«E questo che cosa significa?» dissi con un filo di voce, mentre recuperavo il cestino dall'immondizia. Mi aveva pugnalato al cuore. Certo, la casa in cui vivevo era dei miei genitori, ma non l'avevano certo comprata per me. Non mi piaceva sentirmi un figlio di papà come Sara stava insinuando. Quella era la nostra casa di famiglia, quella in cui avevamo vissuto prima della separazione dei miei, prima che mia madre decidesse di trasferirsi a Rapallo e Alice iniziasse a viaggiare per il mondo. Era molto più di un semplice appartamento.

«Niente, non significa niente. Sto solo dicendo che voglio costruire qualcosa di mio…»

«Di mio o di nostro?» la incalzai. Più la conversazione andava avanti meno avrei voluto farle domande, perché forse dentro di me temevo di conoscere la risposta.

«Ma dai, è ovvio! Lo sto facendo per noi, per noi due. Pensavo che l'avresti capito…»

«Sara, tutti i miei ricordi sono legati a questo posto, e pensavo che cominciasse a essere così anche per te. Pensavo la sentissi casa tua, che la amassi almeno quanto la amo io.»

«No, Marco. Le case non si amano, si comprano. E questa non l'ho pagata io» disse, gelida.

Rimasi senza parole per qualche secondo.

Lei si avvicinò e, forse temendo di aver esagerato, cercò di abbracciarmi e mi parlò con un tono più conciliante. «Io voglio una casa che possiamo dire davvero nostra, una casa che abbiamo comprato insieme.»

«Ed è per questo che sei andata a vedere un appartamento da sola, senza neanche dirmelo?»

«Ho fissato un appuntamento all'ultimo qualche giorno fa. È stata una visita veloce, davvero.»

«Una visita veloce?» dissi, scoppiando in una risata isterica. «Sei sicura che vuoi che venga a vivere anch'io in quella casa?»

«Marco, ma che ti prende? È ovvio che voglio andarci con te!»

«E cosa sono io? Un cazzo di gatto che metti in una gabbietta e porti con te insieme alle valigie durante il trasloco? Non mi hai coinvolto, e hai già fatto la proposta!»

«Volevo farti una sorpresa!»

Io ero fuori di me, mentre lei insisteva per convincermi. Eravamo su due pianeti diversi.

«Ora possiamo permetterci di vivere in un quartiere di lusso e tu non sei contento?»

«Se dici una cosa del genere evidentemente non mi conosci abbastanza. Comunque grazie per questa sorpresa. Mi dispiace di non riuscire ad apprezzarla quanto dovrei. Sarà che per me le cose non hanno valore solo in base a quanto le paghi.»

Uscii di casa sbattendo la porta e cominciai a camminare senza una meta precisa. Avevo bisogno di fare due passi, di mettere un po' di distanza tra me e lei. D'altronde, i pianeti hanno anche orbite molto lontane tra loro, come gli amanti che non guardano nella stessa direzione.

Tornai a casa qualche ora dopo, non prima di essere passato da mia sorella, che in quei giorni era in città.

«Non si prendono decisioni quando si è arrabbiati» continuava a ripetermi. Era un consiglio che dava sempre a tutti. Il suo carattere paziente la rendeva un po' il «Confucio dei Navigli». «Lei ha sbagliato a non coinvolgerti, però sono certa che non volesse ferirti. Non è la prima volta che Sara ha preso decisioni per entrambi, e tu hai sempre lasciato che lo facesse. Non credi che questo possa significare qualcosa?»

Aveva ragione. Confucio – quello vero – avrebbe detto che forse stavo rinunciando alla mia autonomia. Avevo caricato le spalle di Sara del peso di troppe responsabilità, trascurando cose a cui avrei dovuto pensare io. Ma la domanda che mi facevo era: sono stato uno stronzo nei confronti di Sara o nei confronti di me stesso?

Quando tornai a casa lei era già a letto. Non credo dormisse, però era immobile, con la schiena rivolta verso di me. Mi infilai sotto le coperte cercando di stare il più lontano possibile dal suo corpo. Quella notte il letto divenne un silenzioso campo di battaglia. Sembravamo due bambini che giocano a Strega comanda colore e nessuno osa muoversi per paura di essere preso.

Quando si sta con qualcuno è inevitabile prima o poi inciampare in un litigio, ma quella fu la prima volta in cui pensai seriamente alla mia vita senza di lei.

Ci pensai tutta la notte. Come è successo? mi chiedevo, ma non capivo il perché di quel pensiero. Era capitato altre volte che litigassimo, ma non mi era mai passato per la mente che ci potesse essere un futuro senza di lei.

Quella maledetta sera, invece, fui attraversato dall'idea che, in fondo, se non volevo cambiare casa, sarei potuto andare avanti senza di lei. Avrei potuto lasciarla.

Ci pensai a lungo, mentre un muro invisibile ci divideva. Schiena contro schiena, in un letto freddo.

Non servono sottotitoli per una scena del genere, in un film. In tutte le lingue del mondo, quando parla l'orgoglio c'è poco da fare: nessuno lo ammette, ma soffrono tutti.

Passarono le settimane e quel discorso rimase fastidiosamente sospeso tra di noi. La tensione non diminuiva, al punto che parlavo più spesso con mia sorella, che nel frattempo era partita per chissà dove, che con Sara nella stanza accanto. In casa si combatteva una specie di gara a chi era più orgoglioso, e non appena uno dei due mostrava un segno di cedimento, l'altro contrattaccava.

Il gioco continuò finché una sera Sara tornò prima dal lavoro e mi sorprese con una proposta. «Ti va se andiamo a mangiare sushi?»

Aveva un tono molto dolce, di chi cerca di imbonire qualcuno.

«No grazie, non ho molta fame» risposi.

Scese subito il gelo, ma Sara fu molto più paziente del solito. Fece un respiro profondo e poi riprese il discorso della casa con un tono pacato e gentile.

Io ero sul divano, con un libro in mano, e lei si sedette di fianco a me. Cercò di scusarsi per come si era comportata. «Marco, mi dispiace per com'è andata. Avevi ragione, avrei dovuto coinvolgerti e parlartene.»

«Arrivano un po' tardi, queste scuse.»

«Lo so, ma non riuscivo a trovare le parole giuste, o il momento giusto.»

«E perché stasera sarebbe il momento giusto?»

«Oggi pomeriggio mi è arrivata una controfferta dei proprietari dell'immobile e io vorrei accettare.»

«Fallo. Sono soldi tuoi» risposi seccato, mentre continuavo a tenere lo sguardo sulle pagine, facendo finta di leggere.

Lei mi sfilò il libro dalle mani, per avere tutta la mia attenzione.

La guardai sgranando gli occhi, come a dire: ok, parla, ti ascolto.

«Grazie» disse prima di iniziare. «Io vorrei accettare, ma non senza il tuo consenso. E non perché sono soldi miei o soldi tuoi, ma perché è con te che voglio passare il resto della mia vita. Quindi, se credi che sia importante restare qui perché questa è la casa che ami, allora restiamo. E la prossima volta, se sentirò di voler fare un cambiamento che riguarda entrambi, prometto di parlartene subito.»

Una parte di me era ammorbidita da quelle parole, mentre l'altra era compiaciuta. Così ne approfittai. «Bene, allora per me puoi rifiutare!» dissi, senza rendermi conto di quanto potessi sembrarle infantile.

«Aspetta, non mi devi rispondere ora. Ti chiedo solo di pensarci su. Secondo me è una bella occasione per iniziare una nuova avventura insieme. E sicuramente avremmo qualche comodità in più…»

«In che senso?»

«Una camera per gli ospiti, una lavanderia, una palestra condominiale e soprattutto un posto auto. Non ne posso più di perdere mezz'ora tutte le sere per cercare un parcheggio.»

Annuii e rimasi in silenzio. Non riuscivo a convincermi che lasciare quell'appartamento fosse l'idea giusta.

Per me il messaggio era chiaro: non importava quanto grande fosse la nostra casa, importava solo che ci fosse amore. E a mio avviso in quello che aveva fatto Sara non c'era amore.

«Pensaci, Marco, ti chiedo solo questo» continuò lei, approfittando del mio silenzio. «Domani parto per Londra. Non ti starò tra i piedi ma promettimi che ci penserai.»

Mi strappò quella promessa. Nei giorni successivi, mentre cercavo inutilmente di concentrarmi sul lavoro, continuavo a tornare con la mente a ciò che mi aveva chiesto Sara. Tutto quel tempo da solo però si rivelò deleterio: mi sentivo sopraffatto dai pensieri senza nessuno con cui parlare. Non potevo nemmeno aggrapparmi al mio salvagente perché Alice si stava avventurando tra le cime delle Alpi svizzere. La tormentai al telefono, ma dopo l'ennesima chiamata che la costrinse a fermarsi durante un'escursione, mi intimò di non contattarla più.

«Marco, mi stai assillando. Sono su un sentiero esposto, c'è un panorama mozzafiato... Non riesco a dar retta ai tuoi psicodrammi, adesso. Fammi finire questa camminata in santa pace. Tra due giorni torno a Milano e ci vediamo.»

Così, la sera prima che Sara rientrasse da Londra, mi ritrovai con Alice a mangiare ramen in un ristorante giapponese e a discutere della decisione che avrei dovuto prendere. Fuori, una pioggia incessante batteva sulle strade di Milano, come spesso accade a ottobre.

Avevamo deciso di provare un nuovo ristorante in città, il Roppongi, di cui avevamo sentito parlare bene. Ordinammo due ramen e affrontammo il discorso.

Il vapore caldo saliva dalle ciotole, diffondendo un profumo delizioso di brodo, noodles e verdure.

«Non so che cosa pensare. Più mi ci arrovello e meno capisco che cosa voglio davvero.»

Ero confuso, ma Alice, come al solito, aveva le idee chiare e prese le parti di Sara. «Lei ha chiesto a te di decidere» mi disse. «Non è da tutti mettere da parte sogni e orgoglio per amore. Lei ti ha dimostrato che può e vuole farlo. E tu ci riesci?»

«In che senso?» le domandai sorseggiando un cucchiaio di brodo caldo.

«Qual è davvero il problema di cambiare casa, Marco?»

«Lo sai... Sono cresciuto qui, e poi ho vicino anche papà.»

«Smettila, queste sono tutte scuse, e lo sai.»

Si interruppe, come se aspettasse una risposta da me. Esitai, e il mio sguardo si fissò sulle lanterne rosse appese al soffitto che proiettavano ombre danzanti sui muri.

«Tu la ami?» mi chiese.

«Certo che la amo, Alice. Ma amo anche casa mia.»

«Ami una casa?» disse strabuzzando gli occhi, mentre mi prendeva la tazzina di sakè dalle mani. «Forse ne hai bevuto troppo.»

«Non fare la scema... Sai cosa intendo: amo i ricordi che ho in questa casa, con te, con la nostra famiglia, con i miei amici.»

«Marco, si amano le persone, non le cose.»

«Ma i ricordi non si possono amare?»

«No, i ricordi si devono custodire.» Ora il suo tono era quasi duro.

Mi infastidii. «Vabbè, Ali, allora sarò sbagliato io che amo una casa. Al giorno d'oggi ognuno è libero di amare ciò che vuole, no?»

«Per fortuna...»

«Ecco, allora io sono un luogo-sessuale.»

«Tu semmai sei un cretino-sessuale, che è diverso!»

Scoppiammo a ridere. Poi presi l'ultimo sorso di sakè, il sapore intenso mi riscaldava il petto.

«Va bene, allora ami lei e ami questo posto. Ma chi ami di più?» mi chiese tornando seria.

Quella conversazione mi lasciò un misto di inquietudine e chiarezza.

Aveva smesso di piovere, e la luna illuminava i tetti di Milano. Il Confucio dei Navigli aveva colpito ancora: decisi che era arrivato il momento di mettere da parte il mio orgoglio. Ora sapevo esattamente cosa fare.

Sara tornò da Londra la mattina seguente. Mi stavo preparando per andare in università quando vidi Romeo avvicinarsi all'ingresso.

«Sara?! Come mai già qui?» dissi, mentre mi allacciavo le scarpe seduto sul divano e il gatto mi gironzolava tra i piedi.

Lei lasciò la valigia e venne subito verso di me per baciarmi. «Anch'io sono felice di vederti!» sorrise.

«Scusami... È che... pensavo tornassi stasera.»

Sara si accasciò sul divano e appoggiò la testa sulla mia spalla. «Avevo voglia di stare un po' con te» disse.

«Ora devo uscire, ho lezione tra poco...» Lei sbuffò, quindi continuai: «Ma torno presto, e tu cerca di fare lo stesso perché abbiamo un trasloco di cui parlare».

«Sei serio?»

«Ci ho pensato, Sara. Non sarà facile per me lasciare questa casa, ma credo proprio che un nuovo inizio ci farà bene.»

I suoi occhi si fecero lucidi. «Un nuovo inizio?»

«Sì. Quando si scrive una storia d'amore, bisogna avere il

coraggio di chiudere un capitolo e iniziarne uno nuovo per vedere come andrà a finire.»

Iniziai a capire che anche due persone che si amano molto prima o poi si trovano in una situazione in cui le intenzioni, i desideri, le esigenze o le opinioni non collimano. In quei momenti qualcosa sembra interrompersi, ma non è così. I litigi fanno parte della crescita. Spesso si discute perché davanti a una divergenza ciascuno vuole imporre il proprio punto di vista senza concessioni all'altro. Ma fare un passo indietro fa parte del ballo, e se non ci si muove coordinati si finisce per rovinare tutto.

Quella era la lezione sull'amore che avevo bisogno di imparare: ci sono litigi in cui si mette a dura prova l'orgoglio, in cui serve coraggio per andare avanti. Ecco, quei litigi inevitabilmente rafforzano ciò che è vero e dividono ciò che non esiste. Sono di una bellezza straordinaria perché ci danno l'opportunità di cambiare e di farlo insieme a qualcun altro.

Ricordo che un giorno, durante una mia lezione, uno studente ha citato tutto fiero una battuta di un film di David Lynch: «Le persone non cambiano, si rivelano». Mi sono fermato un attimo, sorridendo, ma dentro di me non riuscivo proprio a concordare. Per me le persone cambiano, eccome! È la vita che le cambia. Alcuni imparano dai propri sbagli, altri trasformano gli errori in punti di forza, mentre altri ancora restano impantanati senza mai darsi un'altra occasione. Sta a noi fare la scelta giusta.

È così anche quando si ama qualcuno: non esiste la coppia perfetta, esistono solo le coppie che non si arrendono. Quelle che cambiano, si trasformano, imparano dai propri errori. Quelle in cui l'amore supera l'orgoglio e, dopo i litigi e le urla ci si ama ancora di più. Perché si ha bisogno l'uno dell'altro. Perché la voglia di crescere e amarsi vale più di qualunque parola.

Potresti essere *felice*, ma pensi troppo.
Impara a *fregartene* più spesso.

Il giorno del trasloco fu un misto di malinconia e felicità. Alcuni amici ci raggiunsero per aiutarci, c'erano anche Davide e Giulia e mia sorella Alice.

Mentre afferravo l'ultimo scatolone, mi fermai un attimo sulla porta a guardare la nostra vecchia casa. Era tutto pronto, il furgone dei traslochi ci aspettava per partire alla volta di CityLife. Erano solamente pochi chilometri, eppure mi sentivo come se fossi in procinto di volare dall'altra parte del mondo.

Guardavo quella casa ormai vuota, ed era un pugno dritto allo stomaco.

«Tutto bene, Marco?» Davide mi raggiunse da dietro, mettendomi una mano sulla spalla.

«Solo un po' di malinconia. Non avrei mai pensato di lasciare questa casa, ma Sara sa essere molto convincente.»

«Avete fatto la scelta giusta. Niente ripensamenti, amico mio» rispose lui con quel tono rassicurante di chi non ha mai un dubbio al mondo.

«Sì, hai ragione» annuii. «È solo che a volte stare con lei è estenuante. Una lotta continua in cui lei vuole sempre averla vinta e io devo deporre le armi. Capisci cosa intendo, no?»

«Credo di sì. Ma tra me e Giulia è tutto diverso, sono io quello dei due che vuole decidere per entrambi.»

«E a Giulia va bene così?»

«Be', per forza. Se vuole stare con me è così. Non sono abituato a scendere a compromessi.»

Colpito e affondato, pensai. Ma non ebbi il tempo di rispondere, perché Alice fece capolino dalla porta di ingresso.

«Giù sono tutti pronti per andare. Tu ci sei?»

«Solo un momento.»

Davide mi prese lo scatolone dalle mani e disse: «Questo dallo a me, romanticone. Inizio a scendere. Vi aspettiamo».

«Tra poco lo porto giù di peso» scherzò Alice.

Risi, poi feci un respiro profondo e allungai le chiavi ad Alice. «Tieni» le dissi «ora spetta a te prendertene cura.»

«Dai, Marco, la stiamo solo mettendo in affitto. E poi stai tranquillo, è il mio lavoro.»

«Lo so, ma l'idea che da domani inizierà un viavai di sconosciuti non mi piace affatto.»

«E a me non piace affatto quando fai il pesantone.»

Sospirai. Ero pronto ad andarmene.

Scesi con l'ascensore, che di solito era lentissimo ma quel giorno sembrò essere più veloce che mai.

Poi fissai il palazzo dalla strada.

«Pronto per questa nuova avventura?» mi chiese Sara.

«Sì, lo sono» risposi, cercando di sembrare più sicuro di quanto fossi in realtà.

E mentre ci dirigevamo verso la nostra nuova casa, sentivo

che, nonostante tutto, eravamo ancora insieme. E questo, in fondo, era quello che contava.

Arrivammo a CityLife, e l'adrenalina prese subito il sopravvento. Ogni scatolone che aprivamo era un pezzo del nostro passato che portavamo nel futuro. L'appartamento era luminoso e spazioso, con una vista mozzafiato sulla città. La prima sera, nonostante il freddo, ci sedemmo sul balcone a guardare il tramonto, sorseggiando un bicchiere di vino.

«È diverso, vero?» chiese Sara, stanca per la giornata appena passata.

«Molto diverso, ma ti dirò... anche molto bello» risposi, stringendola a me. Per entrambi c'era qualcosa di nuovo ed elettrizzante che stava nascendo.

Ricordo quei giorni come se fossero ieri. Credevo che, dopo aver superato quell'ostacolo, niente avrebbe potuto fermarci. Sembrava che avessimo ritrovato una felicità perfetta.

Dopo aver finito di sistemare la casa, Sara non vedeva l'ora di organizzare una festa per inaugurarla, però in quel periodo era molto impegnata con l'acquisizione di un'azienda finlandese da parte della Rich-Blanc & Co., quindi andava spesso a Helsinki. Perciò pensai a tutto io. Per stupire Sara, organizzai un buffet a tema «Portogallo»: piatti a base di baccalà e sardine, bottiglie di Porto e *pasteis de nata* caldi, che avevo trovato in una pasticceria stupenda dall'altra parte di Milano, Pastéis & Caffè. Sara arrivò un po' in ritardo, e nonostante riuscisse a mascherarlo agli ospiti, notai che aveva lo sguardo di chi pensava a tutto tranne che alla festa.

«Tutto bene, amore?» le chiesi, portandola in disparte nella nostra camera da letto.

«Non c'è niente che vada bene. Il finlandese non si muove a firmare il contratto.»

«Come mai?» cercai di farla sfogare. «C'è qualche clausola su cui si è impuntato?»

«No, al contrario, è tutto pronto, manca solo la sua firma. Però più gli metto fretta più lui continua a rimandare. Pensavo non vedesse l'ora di liberarsi dell'azienda e andare in pensione.»

«Magari non è poi così stanco di lavorare.»

«Mah, a me sembra che non gli importi più nulla degli affari. È un vecchio signore che passa il tempo con i nipotini o sulla sua barca da pesca.»

«Sai cosa diceva Rousseau? La pazienza è amara, ma il suo frutto è dolce...»

«Marco, non fare il filosofo e parla chiaro!»

«Be', non puoi mettere fretta a un pescatore. Quest'uomo è abituato ad aspettare ore per tirare su un salmone. Se gli metti fretta s'irrigidisce!»

«E quindi? Cosa dovrei fare?»

«Aspetta. Assecondalo, se puoi.»

«Non ho tempo di aspettare, e certo non posso andare a pesca con lui.»

«A pesca no, ma magari c'è qualcos'altro che puoi fare per entrare in sintonia con lui.»

«Parigi!» disse come se fosse stata colta da un'illuminazione.

«Parigi?»

«Mi ha detto che questo weekend sarebbe andato a Parigi con i suoi nipoti.»

«Ecco, potresti raggiungerlo lì. Lo saluti, fai un regalo ai bimbi e cerchi di essere presente ma senza parlare di lavoro.»

«Non è una cattiva idea, in effetti. Ma tu vieni con me» rispose lei con un tono complice.

Finalmente si rilassò e riuscì a godersi la serata, e la mattina dopo partimmo per Parigi.

Fece organizzare tutto in fretta e furia dalla sua assistente. Arrivò un autista a prenderci e partimmo con un volo privato Linate-Charles de Gaulle. All'inizio mi sentivo un po' imbarazzato, poi mi lasciai viziare.

Una volta atterrati andammo a pranzo con l'imprenditore finlandese, che sembrava molto contento di quella sorpresa inaspettata. Restammo altri due giorni per visitare insieme la città, che ci accolse con le sue luci scintillanti e l'aria frizzante. Passeggiavamo mano nella mano lungo la Senna, e ogni angolo sembrava un set cinematografico. Il terzo giorno ci alzammo presto per andare a Versailles. Ci sentivamo come il re e la regina di un regno passato, anche se forse io ero più un re consorte.

Per la prima volta mi sentivo coinvolto nel lavoro di Sara, e ne ero contento. Pensavo fosse l'inizio di un nuovo capitolo in cui io e lei saremmo stati ancora più uniti, ma come ho già detto «Amore + Lavoro» è una formula complessa, e spesso se i conti tornano subito è perché li hai sbagliati.

Per Natale decisi di organizzare un cenone di famiglia nella nostra nuova casa.

Convinsi Sara a invitare i suoi genitori, che si sarebbero fermati da noi qualche giorno. L'acquisizione di quella società la stava prosciugando, e pensavo che una buona dose di calore famigliare potesse esserle d'aiuto. Il salotto brillava di luci e decorazioni, l'odore di cannella e spezie rendeva l'atmosfera accogliente.

Sara arrivò tardi al cenone della vigilia. Io la aspettai sveglio, ma i suoi erano già andati a dormire. Riuscì a goderseli a Natale e a Santo Stefano, poi dovette partire di nuovo per Helsinki: il finlandese si era finalmente convinto proprio in quei giorni, e la aspettava una montagna di lavoro per finalizzare l'acquisizione.

Io restai a casa con Romeo. Era la fine di dicembre, quel periodo dell'anno in cui tutto sembra sospeso, la vita si ferma e c'è spazio solo per la famiglia e i festeggiamenti.

Mi sentivo tremendamente solo, e non riuscivo a non pensare che fosse colpa di Sara. Alice era partita per uno dei suoi viaggi zaino in spalla, e di nuovo non sapevo con chi parlare. Ci scambiammo qualche messaggio, ma non era la stessa cosa. Mi mancavano i suoi consigli, i pensieri si rincorrevano nella mia testa e senza di lei non riuscivo a metterli in ordine.

Per un attimo considerai l'idea di raggiungere Sara a Helsinki, ma poi decisi di non farlo. D'altra parte, lei non me l'aveva chiesto: presa com'era dai suoi impegni di lavoro, sembrava che non le importasse.

«Non fare lo stupido. Ingoia l'orgoglio e parti!» mi scrisse Alice.

Aveva ragione, ma io ancora non lo sapevo, così feci di testa mia e rimasi a Milano. La casa addobbata sembrava ancora più vuota. A forza di aspettare che Sara tornasse, passai tutte le feste a casa da solo, così ne approfittai per mandare avanti una ricerca, correggere gli scritti di un esame e studiare un nuovo progetto. Nel frattempo però il malumore cresceva. Mi resi conto che non aspettavo altro che Sara tornasse per litigare con lei. Ci sentimmo per telefono quasi tutti i giorni, ma quasi per dovere: io ero risentito, lei aveva la testa da un'altra parte.

Quando finalmente atterrò a Linate, andai a prenderla all'aeroporto. Era tardi, pioveva. Salì in macchina bagnata, gli occhi segnati, il viso stanco. Mi gettò le braccia al collo e mi disse: «È bello essere a casa. Mi sei mancato!»

«Davvero?» riuscii solo a rispondere.

Lei non ci fece caso e continuò: «È stato un incubo. Ho lavorato giorno e notte, sono a pezzi». Poi sorrise e mi disse con un'ingenuità disarmante: «Le tue vacanze sono andate bene, professore?»

Feci un respiro profondo e risposi solo: «Tranquille». Poi avviai il motore e iniziai a guidare verso casa.

Le luci del traffico scorrevano intorno a noi, la pioggia ticchettava sui vetri. Sara sbadigliò un paio di volte.

«Scusami, ma non vedo l'ora di andare a letto. Devo riposarmi e ritrovare un po' di energie perché tra qualche giorno dovrò ripartire per Helsinki...»

«Dici sul serio?»

«Sì, il finlandese ha firmato, ma gli ho promesso che avremmo fatto insieme la conferenza stampa...»

«Ok, allora domani chiamo la tua segretaria così prendo un appuntamento per stare un po' con te.»

«Ma dai, come se non ci vedessimo mai.»

«Sara, ti ricordi che ho appena passato le vacanze di Natale da solo, vero?» la mia voce era fredda. Svoltai nella strada di casa, e intanto sentivo avvicinarsi, inevitabile, la tempesta.

«Non ho voglia di cominciare ora questo discorso. Sono stanca» cercò di tagliare corto lei.

Ma per me la discussione non era chiusa. Feci una pausa e parcheggiai, poi tornai all'attacco: «Tu sei sempre stanca, Sara. Non sei l'unica al mondo a lavorare, sai?»

«No, ma di sicuro i nostri lavori hanno responsabilità ben diverse» rispose.

«Scusa?»

«Dai, cresci, Marco!» urlò scendendo dalla macchina e sbattendo la portiera.

Non ci parlammo per il resto della serata. E le settimane seguenti furono peggio della guerra fredda. Sara andò avanti e indietro da Helsinki per tutto il mese. Ci vedevamo a malapena, le nostre conversazioni erano ridotte a scambi di servizio.

Poi l'affare finlandese si chiuse e Sara finalmente tornò a casa, decisa a farsi perdonare, o almeno così disse quando organizzò un weekend a Madrid per il nostro quarto anniversario.

«Non prendere impegni e fai la valigia» mi buttò lì, senza troppi giri di parole. «Ho pensato a tutto io, una vacanza per noi due. Dovrò partecipare a qualche riunione, ma non voglio perdere l'occasione di festeggiare insieme.»

Apprezzai l'impegno, sembrava sincera e per una volta non mi fece false promesse. Pensai che forse poteva essere il nostro nuovo modo di viaggiare insieme: accettando compromessi e unendo le nostre strade su un unico binario. Il treno era lo stesso, solo che ognuno di noi aveva qualche bagaglio in più da portarsi dietro.

Dopotutto, poteva avere il suo fascino, no?

Soggiornammo per qualche giorno in un hotel meraviglioso nel cuore della città. Sara aveva programmato diverse attività, ma spesso mi ritrovai a farle da solo. Lei era sommersa da riunioni e chiamate, con il telefono sempre incollato all'orecchio. Inizialmente mi sentii un po' perso, poi decisi di approfittare del tempo a disposizione per esplorare Madrid. Non che avessi molte alternative...

La sera però era tutta per noi. Sara riusciva sempre a ritagliare del tempo per stare insieme, e ci godevamo la magia della perla della Meseta. Le cene a base di tapas erano un tripudio di sapori, tra *jamón ibérico*, *patatas bravas* e *croquetas*. Dal ristorante dell'hotel all'ultimo piano si godeva di una vista meravigliosa sulla città. Era diventata la nostra tappa fissa. Forse un po' monotono, ma era comunque bello. Luci calde e soffuse, intimo e romantico.

A cena Sara era sempre piuttosto silenziosa. Probabilmente dopo aver parlato tutto il giorno aveva solo voglia di distrarsi e ascoltare. Voleva che le raccontassi delle mie passeggiate tra le vie della città, dei capolavori che avevo ammirato al Prado, dalla seducente *Maja desnuda* di Goya al mistico *Giardino delle delizie* di Bosch. Tuttavia, la parte più interessante era che un dettaglio qualsiasi accendeva in maniera del tutto inaspettata la nostra eccitazione.

Scattava puntuale come un orologio, e dopo il secondo bicchiere di vino, senza alcuno sforzo, si creava tra noi una complicità silenziosa. Da quel momento le parole si facevano più morbide e i nostri sguardi più intensi. Era una sorta di rituale che ripetemmo tutte le notti che passammo a Madrid, abbandonandoci totalmente al vino e al sesso.

All'inizio non capii bene perché sentissimo quel forte desiderio di ubriacarci. Forse volevamo dimenticare di non aver trascorso la giornata insieme, o forse cercavamo solo di soffocare il malumore. In ogni caso il vino finiva sempre per aiutarci a zittire i pensieri e far parlare la passione.

Con i quadri flirtavamo, poi, tornati in camera, dritti a letto. Nessun bacio, nessun preliminare. Aprivamo la porta continuando a parlare, poi la richiudevamo dietro di noi, lei si spogliava e io mi spogliavo. Finivamo mezz'ora dopo, esausti ma felici, e ci addormentavamo abbracciati con le finestre socchiuse e il rumore della città che ci cullava. Quelle notti erano un momento di tregua dai problemi quotidiani. Per entrambi. Anche se la nostra routine era cambiata, eravamo riusciti a ritagliarci un angolo di paradiso tutto per noi.

Avrei potuto lamentarmi con lei di quelle assenze e di quel vuoto, oppure accettare lo stato delle cose e godermi ciò che la situazione poteva offrire. Come ho già detto, pensavo di non avere alternative, così scelsi di passare tre meravigliosi giorni da solo e tre meravigliose notti con lei.

Per Schopenhauer il desiderio non appagato è fonte di sofferenza, quindi la mia soluzione fu abbassare le aspettative e accettare più serenamente la realtà. Il vecchio adagio «Chi si accontenta gode» non aveva mai fatto al caso mio, ma mi stavo ricredendo. A volte non si può far altro che abbuffarsi con le briciole.

Le cose non cambiarono. Per il nostro quinto anniversario andò anche peggio: saremmo voluti tornare a Madrid, ma lei dovette passare un mese intero a New York. Niente anniversario, quindi, e niente compleanno insieme.

Sara spense quarantaquattro candeline a New York, io trentatré a Milano. Lontani ma per quanto possibile uniti. Quando non ci sono molte alternative, anche una videochiamata su FaceTime può essere piacevole. Piccole briciole di felicità. Effettivamente se dovessi dare un titolo a quel capitolo della nostra storia, sicuramente sarebbe: «Le briciole della felicità».

* * *

Dopo un mese negli Stati Uniti sarebbe rientrata a Milano per ventiquattr'ore, giusto il tempo di salutarci e disfare le valigie. Poi sarebbe ripartita subito per Londra. Decisi di rendere il suo rientro il più dolce possibile. Non volevo sprecare nemmeno una di quelle stramaledettissime briciole.

Tornò da New York domenica mattina, stanca come non l'avevo mai vista. Passammo tutto il giorno a letto, insieme. Mi presi cura di lei cercando di farla riposare e rilassare. Poi tentai di convincerla a uscire: avevo organizzato una serata speciale, una cena romantica per recuperare il tempo perduto. Ma fu tutto inutile: Sara si addormentò davanti alla tv, e la svegliai solo per accompagnarla a letto.

La mattina dopo, quando aprii gli occhi, lei non c'era più. Era già partita per Londra. La sua assenza mi lasciò come sempre l'amaro in bocca, ma il vero pugno allo stomaco arrivò qualche ora dopo, quando mi mandò un messaggio.

«Amore, sono già in meeting con un cliente. Sono uscita un attimo perché ho bisogno di un favore...»

«Quale favore?»

«Stamattina nella fretta di partire mi sono dimenticata a casa il computer, e c'è un file sul desktop che mi serve...»

«Certo, non ti preoccupare. Sono in casa adesso» le dissi, cercando di calmarla.

Andai in cucina e, tra un vaso di fiori freschi e una tazzina di caffè mezza bevuta, trovai il computer, lasciato sul bancone. Una volta aperto, spostai la finestra delle mail e cercai sul desktop il file di cui aveva bisogno.

«Trovato. Cosa vuoi che faccia?»

«Guarda, basta che mi mandi una foto delle prime due pagine

su WhatsApp. Tanto mi servono solo i dati dei grafici. Ora devo tornare in riunione. Mandami tutto, a dopo. Bacio!»

Fotografai con il mio telefono le prime pagine che mi aveva chiesto e gliele inviai.

«Fatto.»

Messaggio visualizzato.

«Grazie mille. Ti amo!» mi rispose.

Stavo per richiudere il computer, quando esitai un istante perché mi cadde l'occhio su una cosa. Riaprendo la pagina della posta elettronica, per lasciare il computer come l'avevo trovato, notai un messaggio bizzarro in cima alle mail in arrivo. Le era arrivato poco prima, ma a differenza di tutti gli altri era già stato aperto, evidentemente dallo smartphone.

Strano, mezz'ora fa era già in riunione, pensai tra me e me.

Si vedevano le prime parole nell'anteprima: «Forse le cose ci sono sfuggite di mano».

Sicuramente c'era una spiegazione. Guardai di nuovo. Sentii le pulsazioni aumentare. La mail era stata inviata dal dottor Davide Ferrarini. Il nostro amico Davide, il fidanzato di Giulia. Perché cazzo Davide dovrebbe scriverle? pensai.

Non può essere lui, magari è un omonimo, al lavoro capita, mi dissi.

Sono sempre stato fermamente convinto che in questi casi sia meglio non sbirciare, perché in un modo o nell'altro fraintenderai, e il gioco tra te e te sarà tutto incentrato nel cercare di convincerti che l'altra persona è in difetto o in malafede. Però, d'altro canto, siamo sicuri che sia davvero meglio non sapere? «Occhio non vede, cuore non duole» si dice, e magari è vero, ma se l'altra persona nascondesse qualcosa, tu non lo vorresti sapere subito? Per quanto tempo riusciresti a far finta di non aver intravisto qualcosa di strano?

Lì, in piedi, cercai di prendere una decisione. La fiducia era sempre stata alla base del nostro rapporto, ma la curiosità e il sospetto stavano prendendo il sopravvento. Oggi Shakespeare avrebbe scritto: «Controllare il telefono al partner o non farlo? Questo è il dilemma».

Non riuscii a trattenermi. «Forse le cose ci sono sfuggite di mano. È stato bello, ma come hai detto tu, certe cose è meglio farle rimanere nei sogni. Buona Londra! Un abbraccio.»

All'improvviso sentii quel cazzo di pugno nello stomaco.

La mia mente iniziò a vorticare in mille direzioni, cercando di dare un senso a quelle parole. Le immagini di Sara e Davide insieme in un contesto che andava oltre il lavoro mi fecero venire la nausea. Chiusi velocemente il computer e dalla cucina camminai a passo veloce attraversando il soggiorno, fino al terrazzo. Avevo bisogno di una boccata d'aria fresca. La nostra casa, il nostro rifugio, da vuota era improvvisamente diventata soffocante e opprimente.

Era possibile che stessi fraintendendo tutto?

Il problema più grande? *Aspettare troppo.*
Non tenerti tutto dentro fino a scoppiare.
Se qualcosa ti disturba, tiralo fuori quando lo senti,
non quando sei al limite.
Così potrai trovare le parole giuste,
senza lanciare offese che potresti *rimpiangere.*

Lezione numero quattro

Uscii di casa in fretta e furia, senza giacca, solo una sciarpa presa al volo. Ero fuori di me.

Passeggiai senza meta per il nuovo quartiere, poi, senza quasi rendermene conto, mi allontanai da CityLife e camminai, camminai tanto che alla fine arrivai sul Naviglio Grande. Tornare verso la mia vecchia casa era stato qualcosa di inconscio. Immerso nei miei pensieri, non ci avevo nemmeno fatto caso.

Chiamai mia sorella, tanto per cambiare.

«Ciao Ali. Sei ancora in città o già in giro per il mondo?»

«Sto partendo per Roma. Tutto bene?»

«Sì, sì. Sono qui sul Naviglio e mi domandavo dove fosse quella buonissima pokeria in cui mi hai portato l'ultima volta che ci siamo visti...»

«Marco, lo sai benissimo. Hai vissuto per una vita in quel quartiere» rispose un po' distratta. Poi il suo tono si fece più serio. «C'è qualcosa che non va?» mi chiese.

«Ma no, figurati» mentii.

«Sicuro? Sono ancora in stazione. Se vuoi torno indietro e...»

«Non è successo assolutamente niente. Stai tranquilla e

mangia una carbonara anche per me» tagliai corto, sperando di risultare convincente.

Non volevo raccontarle al telefono quello che era capitato.

Il pomeriggio mi trascinai in università, continuamente distratto da quel pensiero. Ora, il lunedì non è mai stato il principe azzurro della mia settimana; anzi, è più il rospo che non vuoi baciare. Ci devi passare, ma non lo fai certo con entusiasmo. E quel lunedì aveva anche una marcia in più, ovviamente in senso negativo. Fu, senza ombra di dubbio, un gran lunedì di merda.

Passai la notte a chiedermi che diamine avrei dovuto fare. Da una parte avevo già imparato a mie spese che la vita di coppia non è una passeggiata, e anzi è un percorso lastricato di incomprensioni e compromessi. Dall'altra però qui non poteva essere solo un fraintendimento. Questa era una questione di fiducia, tutta un'altra storia. Amavo Sara, ma la fiducia è come una pianta fragile: richiede tempo, cura e attenzione. Una volta spezzata, è difficile ricomporla.

Nei giorni seguenti, mentre tenevo le mie lezioni su Kant agli studenti, il dubbio sedeva in prima fila. Se avessi affrontato Sara, lei avrebbe forse potuto spiegarmi tutto oppure negare, e io sarei rimasto con ancora più domande. Ma se avessi ignorato il messaggio avrei vissuto con il tarlo, chiedendomi sempre cosa fosse successo davvero. Non sapevo cosa fare e, ancor peggio, non trovavo il coraggio di parlarne. Con nessuno, nemmeno con Alice.

Ero confuso, ma su una cosa avevo le idee chiare: non potevo fingere che tutto andasse bene mentre una parte di me si consumava lentamente. La verità, per quanto dolorosa, era l'unica via d'uscita. Alla fine decisi che avrei affrontato la questione.

Mi preparai mentalmente per il confronto, consapevole che qualsiasi fosse stata la risposta di Sara, nulla tra di noi sarebbe più stato lo stesso. Era quella la cosa che mi straziava e probabilmente anche quella che più di tutte mi metteva in difficoltà.

Come diavolo si fa a capire come comportarsi in certe situazioni? C'è qualche filosofo che ha scritto una guida per chi sente il proprio cuore frantumarsi sotto il peso del dubbio?

Dovevo essere pronto, o almeno fingere di esserlo. La verità è che nessuno ti insegna come affrontare il momento in cui sai che ogni parola sarà una bomba a orologeria. Ma qualche giorno dopo Sara sarebbe tornata da Londra, e io avrei dovuto schiacciare quel pulsante.

La aspettai a casa, la cena pronta, una candela accesa, Romeo che faceva le fusa sul divano. Sembrava quasi un appuntamento romantico, se non fosse per il fatto che io sentivo il cuore pesante e lo stomaco sottosopra. Direi non proprio le premesse migliori.

Mi raccontò di Londra, di una noiosissima trattativa che aveva dovuto fare con i proprietari di un'azienda coreana di cosmetici, con cui la Rich-Blanc & Co. voleva fare una *joint venture* per distribuire i loro prodotti nei centri commerciali di Italia e Spagna.

Mi spiegò tutto nei minimi dettagli, cosa che trovai strana perché solitamente Sara, quando tornava dai viaggi di lavoro, non aveva mai voglia di parlarne, anzi, aveva solo bisogno di non pensare a niente e staccare. Ma io volevo sapere di New York, non di Londra.

Avrei voluto gridare, distruggere qualcosa, e invece rimasi lì, immobile, cercando di trovare dentro di me una calma che ormai non esisteva più. Sapevo che prima o poi sarebbe arrivato il momento della verità. Quella sera però non fui in grado di tirare fuori nemmeno una sillaba sull'argomento.

Perché mai? penserete voi. Be', credo proprio fosse la vergogna a trattenermi. L'avete mai conosciuta in momenti del genere? È come un maglione scomodo: ti scalda ma preferiresti non indossarlo. Il risultato è che o hai freddo o hai prurito ovunque. E così da un lato volevo risposte e dall'altro mi vergognavo a fare domande.

Domandare avrebbe anche significato ammettere di aver sbirciato nella sua casella di posta, e temevo che quel piccolo, insignificante dettaglio mi avrebbe potuto far passare dalla parte del torto. Certo, ormai il danno era fatto, quindi anche solo per onestà avrei dovuto confessarglielo.

Riuscii a farlo? Ovviamente no. Passarono minuti, ore e giorni, e mi guadagnai il titolo di professore in Evitamento di discorsi scomodi. Cercai quasi di convincermi che ero io ad aver sbagliato e che avrei solo rovinato le cose tirando fuori quella storia.

Di tanto in tanto, però, non riuscivo a trattenere una frecciatina.

«Mi raccomando, questa volta non dimenticare il computer. Sai com'è, le cose potrebbero sfuggirti di mano...» le dissi una mattina mentre preparava la borsa per andare in ufficio.

Lei non coglieva, o almeno faceva finta di non cogliere. Solo una volta mi chiese se ci fosse qualcosa che non andava, ma anche in quell'occasione glissai, senza il coraggio di rispondere con sincerità. Ormai le nostre conversazioni erano una passeggiata in un campo minato.

Finché, una sera, accadde l'inevitabile. Tornai tardi dall'università e la vidi ai fornelli. Fu allora che sentii un *clic*: l'ordigno era stato attivato. Avevamo calpestato una mina.

Entrai in cucina con ancora il cappotto addosso. «Chi sei tu? E dove hai nascosto la mia fidanzata?» chiesi. Era davvero troppo strano per me vederla cucinare.

Avevo mangiato poco a pranzo, quindi l'appetito si faceva sentire. C'era un profumo di basilico che si spandeva nell'aria, l'acqua bolliva e gli spaghetti stavano già cuocendo. Sara aveva apparecchiato direttamente sul bancone a isola della cucina. Tutto molto accogliente e colorato: un tagliere di salumi, un cestino di grissini e due calici di vino rosso già pieni.

«Stasera lo chef consiglia pasta al pomodoro con una spolverata di grana» mi disse, sorridendomi.

«È un'allucinazione? Tu che cucini?»

«Semmai un sogno...» rispose mentre scolava la pasta.

Quelle sue parole mi riportarono immediatamente al messaggio di Davide, ma cercai di passarci sopra.

«Se è un sogno non svegliarmi...» scherzai, afferrando un grissino.

Scolò e cominciò a impiattare gli spaghetti, e il profumo iniziava a farmi salire l'acquolina.

«Alexa, metti un po' di jazz» disse, portando i piatti in tavola.

«A cosa devo tutto questo? Hai qualcosa da farti perdonare?» la punzecchiai mentre mi sedevo a tavola e Romeo cercava di accovacciarsi su di me.

«Perdonare, io? Semmai da festeggiare! Ma ti rendi conto che sono passati quasi due anni da quando sono stata nominata amministratrice delegata e non ho ancora ucciso nessuno?»

«Wow! Due anni?»

Mi raggiunse a tavola, e dopo un brindisi assaggiammo finalmente gli spaghetti.

«Buonissimi!» commentai. «Dovresti cucinare più spesso!»

«Grazie, amore, ma se fossi in te non mi ci abituerei» rispose ridendo. Poi aggiunse: «Uno dei prossimi weekend ci sarà una piccola festa. Qualcosa di intimo, sta organizzando tutto Camilla».

«E chi è Camilla?»

«La mia nuova assistente.»

«L'hai cambiata ancora?»

«Non è facile tenere i miei ritmi» rispose con una punta di orgoglio, e continuò: «Comunque Camilla mi sembra molto sveglia. Per la festa ha trovato un ottimo catering, ha prenotato un locale piccolo ma chic e ha ordinato una torta con il logo dell'azienda. Tutto molto sobrio».

«Dobbiamo anche recuperare il nostro quinto anniversario» cambiai argomento, mentre mi gustavo l'ennesima forchettata.

«Sì, hai ragione! Ti prometto che dopo questa festa chiederò a Camilla di pensare anche al nostro prossimo viaggio.»

«Non c'è bisogno che lo faccia lei. Possiamo occuparcene noi» obiettai, con una punta di fastidio.

«Come preferisci» rispose, ma stava già pensando ad altro. «Ne parliamo comunque dopo la festa. Ora devo finire gli inviti.»

Cercai di starle dietro: «Chi hai invitato?»

«Un po' di colleghi, qualche cliente...»

«Oh!» esclamai, come se mi fossi improvvisamente ricordato di qualcosa.

Un'idea iniziava a farsi strada dentro di me. Sentivo che mi sarei potuto giocare una carta, ma ero combattuto. Alla fine prevalse il rancore.

«Da quant'è che non senti Davide?» le chiesi a bruciapelo, guardandola negli occhi.

Notai subito qualcosa di strano nella sua espressione. Alzò le sopracciglia, sorpresa. «Chi?» mi chiese di rimando, con un tono che tradiva una leggera tensione.

«Amore, il fidanzato di Giulia!»

«Aahh, lui...» Mi sembrò che stesse fingendo di cadere dalle nuvole. «Da un bel pezzo. Perché me lo chiedi?»

«Quanto?» insistetti.

Posò la forchetta e iniziò a versarsi dell'acqua, ma i suoi occhi continuavano a essere fissi su di me. «Mi hai chiesto da quanto non lo sento?» Si scolò il bicchiere d'acqua velocemente, come se volesse guadagnare tempo per pensare a una risposta.

«Sì, Sara.» La mia voce era ferma, decisa.

«Non saprei... Da un po'. Dall'ultima volta che li abbiamo visti insieme. Saranno passati un paio di mesi...» Si versò un altro bicchiere; questa volta, però, mi sembrò che evitasse il mio sguardo. «Ma che c'entra?»

Eccoci. L'avevo portata dove volevo. Ero felice adesso? Per niente.

«Pensavo che potresti invitare anche lui e Giulia, alla festa. In effetti è da un po' che non li vediamo, sei stata via per tanto tempo...» dissi, mentre prendevo un sorso di vino. Lei si irrigidì ulteriormente.

«Non saprei, è più una cosa di lavoro...»

«Be', voi vi incontrate spesso alle convention, no?»

«Spesso? È capitato qualche volta, ma non direi spesso.»

La vedevo diversa dal solito, come se l'argomento la infastidisse. Sembrava quasi voler svicolare dalla conversazione.

«Vabbè, ma ti ha fatto qualcosa?» sentivo il cuore battere più forte.

«Chi?»

«Come chi? Davide» replicai, senza mollare la presa.

«Ma figurati! Che idee ti vengono?»

«E allora perché non li vuoi chiamare?»

«Non è che non li voglio chiamare, è solo che è una cosa di lavoro. Ho paura che non si divertirebbero un granché. Però hai ragione, invitiamoli. Domattina gli scrivo» concluse.

Mentre osservavo Sara versarsi un altro bicchiere d'acqua, non potei fare a meno di sentire un nodo nello stomaco. Avevo la prima conferma che qualcosa non andava.

Perché mi aveva mentito? Davide lo aveva sentito mentre era a Londra e per un motivo che sicuramente non poteva essere dimenticato.

Per un istante mi sentii quasi felice. Sara si era sempre nascosta dietro una facciata di donna premurosa, determinata e perfetta, e adesso ero come appagato dal trovarla in difetto. Poi tornai in me, e fu ancora peggio. Mi feci un po' schifo da solo. C'era ben poco di cui essere felice.

Avevo bisogno di saperne di più, come un investigatore che sente di aver trovato la pista giusta. Quella notte non riuscii a dormire. Mi rigirai continuamente nel letto.

I giorni successivi furono un inferno. Ogni parola di Sara mi sembrava una bugia e finivo per incalzarla continuamente, sperando che facesse un passo falso. Il giorno prima della festa scrissi a Giulia di chiamarmi il prima possibile. Avevo come un sentore, temevo che Sara non li avesse nemmeno invitati.

* * *

Ero in pausa pranzo all'università. Mentre addentavo il mio solito panino crudo-pomodoro-mozzarella al bar, qualche studente si era messo a farmi compagnia al tavolo accanto. Una di loro andò a chiedere un caffè per me e gli altri: capitava spesso che qualche studente cercasse di ottenere un voto in più con una gentilezza come questa, ma con me non attaccava. A un certo punto notai la chiamata di Giulia. Uscii dal locale e risposi. Dopo i convenevoli, le chiesi se sarebbero venuti alla festa di Sara l'indomani.

«Purtroppo questo weekend Davide è via e io ho una *yoga night* con le mie clienti. Se ce lo aveste detto prima magari saremmo riusciti a liberarci. Che peccato!» rispose dispiaciuta.

«Ah, caspita, pensavo che Sara avesse chiamato Davide, ma si sarà dimenticata! Vabbè, scusateci per il poco preavviso. Sarà per la prossima...»

Quella breve conversazione confermò i miei dubbi. La mattina seguente, mentre facevo colazione con Sara, non riuscii a trattenere l'ennesima frecciatina. Lei era già pronta per andare al lavoro, seduta al tavolo della cucina con un elegante tailleur grigio, immersa nella lettura delle notizie sul tablet, con una tazza di tè fumante tra le mani. Io al contrario ero ancora in pigiama.

Le diedi il buongiorno senza distrarla dalla lettura, accarezzandole delicatamente i capelli dietro le orecchie e baciandola sulla testa. In quell'esatto momento sentii chiaramente che una parte di me desiderava ristabilire la nostra armonia. Sara si girò per darmi un bacio sulle labbra.

Mi unii a lei con una tazza di caffè bollente in mano. Gli occhiali da vista si appannarono per il vapore, così usai un angolo della maglia del pigiama per pulirli.

«Hanno inventato un panno apposta per pulirli, sai? Così rovini le lenti» mi rimproverò Sara.

«Uff, ma sì, dai... Piuttosto, Davide ti ha risposto?» chiesi sorseggiando il caffè.

Lei alzò lo sguardo, sorpresa. «Davide? In che senso?» rispose, mettendo giù il tablet.

«Hai sentito Davide e Giulia per la festa? Vengono stasera?» insistetti, tentando per l'ennesima volta di leggere ogni piccola espressione sul suo volto.

Sara esitò un attimo, poi scosse leggermente la testa. «No, mi sono dimenticata» disse, evitando il mio sguardo e concentrandosi sul suo tè. Sentii il tintinnio del cucchiaino contro la tazza.

«Vabbè, magari li chiamo io e sento se possono venire.»

Sara sospirò. «No, all'ultimo è di cattivo gusto. Sembra che qualcuno a cui tenevamo di più abbia disdetto» rispose.

Ero convinto che si stesse arrampicando sugli specchi, così continuai: «Però organizziamo qualcosa con loro, dai!»

«Sì, hai ragione. La settimana prossima li chiamo e li invito a cena.»

Forse stavo diventando paranoico. Eppure quel messaggio l'avevo visto e lei mi aveva mentito. Se lo aveva fatto una volta, perché non avrebbe dovuto farlo di nuovo?

Ovviamente Davide e Giulia la settimana dopo non vennero nemmeno a cena.

Non sapevo più a che cosa credere, e iniziai a dubitare persino dei suoi impegni di lavoro.

Ancora non avevo idea di come uscirne, ma sentivo che questo non detto stava rovinando il nostro rapporto. Dovevo dargli una data di scadenza.

Credo che nessuno riesca a tenere davvero un segreto. Quando le labbra tacciono, si parla con lo sguardo o con i gesti, e la verità trova un altro modo per uscire allo scoperto. Il problema è saper leggere quello che le persone non dicono. Sono dettagli, ma sono proprio loro a fregarci, sempre. Col tempo, tutti quei dettagli stavano cambiando l'intero quadro d'insieme. Iniziai a capire che qualcosa tra noi si stava logorando e che né io né Sara avremmo potuto ritornare al punto di partenza.

Una mattina, dopo l'ennesima notte in balia dei pensieri, decisi che poteva bastare. Quella situazione non mi andava più bene, e dovevo cambiare qualcosa, anzi più di qualcosa. Ma avevo bisogno di parlarne con qualcuno.

Mi svegliai con la mente annebbiata dalla stanchezza. Avevo dormito poco e male. Mi vestii in fretta e, visto il ritardo, chiamai un taxi.

Nonostante fosse primavera avanzata, fuori pioveva a dirotto. Arrivai in università trafelato. Sono le tipiche giornate in cui i bar sono gremiti di studenti umidicci che si scrollano di dosso la pioggia e cercano di asciugarsi il più possibile prima di entrare in aula.

Mi rifugiai al bancone della caffetteria, tra il viavai delle matricole, giusto per gustarmi il mio solito caffè americano. Nella mano sinistra la tazza, nella destra il telefono, ben saldo. Cercavo di scrivere un messaggio. Buttavo giù due righe, poi cancellavo. Riscrivevo e cancellavo di nuovo.

A un tratto mi sorprese alle spalle Martina, una studentessa del mio corso che cercava sempre un po' di attenzione.

«Prof!» mi gridò mettendomi una mano sulla spalla.

Io, colto di sorpresa, ebbi un sussulto. «Buongiorno Martina! Mi ha spaventato.»

«Posso offrirle un cornetto?» mi chiese.

Martina era una ragazza molto bella, con un viso stupendo, un nasino all'insù che sembrava dipinto e occhi azzurri che brillavano di curiosità. Avrebbe potuto tranquillamente fare la modella, ma evidentemente la filosofia aveva avuto la meglio. Non che eccellesse particolarmente nello studio, però si impegnava molto e cercava spesso il confronto con i professori, anche per imbonirseli.

«No, grazie. Mi ha già offerto un caffè l'altro giorno. Inizio a sentirmi in debito» dissi, cercando di tagliare corto.

«Ma non vale, la volta scorsa l'ho offerto a tutti! Oggi voglio offrire qualcosa solo a lei!»

Indossava un maglione bianco, morbido e scollato, jeans aderenti e una *tote bag* azzurra. Quella mattina il suo outfit illuminava senz'altro il grigiore del bar.

«Grazie, apprezzo il gesto, ma sono a posto così.»

Cercai di mettere di nuovo la testa sul messaggio che stavo cercando di scrivere, prima che fosse ora di andare in aula. Volevo togliermi quel peso.

Lei però insistette, aveva voglia di chiacchierare. «Sembra molto concentrato. La disturbo?»

«No, è che sto cercando di scrivere un messaggio e non trovo le parole...»

«Non ci pensi troppo. Come ci dice sempre anche lei, il meglio è nemico del bene.»

«Be', non sono io a dirlo, è Voltaire...»

Ma Martina non mi stava ascoltando: si era già allontanata e io pensai, rincuorato, che volesse evitare uno spiegone. Invece tornò poco dopo con due danesi, una per lei e una per me, e un cappuccino d'asporto.

«Allora, professore, posso aiutarla in qualche modo?» disse, sedendosi accanto a me. Diedi subito un morso alla pasta ancora calda, questa volta accettando la sua offerta.

«No, davvero, ma grazie. È una questione personale...» risposi, imbarazzato dalla sua vicinanza.

Mi guardava fisso, come se cercasse di intuire cosa mi turbasse.

«Capita anche a me» disse, sorseggiando il suo cappuccino. «Quando mi blocco penso sempre: sono molto più di quello che scrivo, sono tutto quello che cancello. E così capisco che quello che cancello è in realtà ciò che devo scrivere. Poi qualche secondo di coraggio e via.»

«In effetti...» risposi, quasi senza ascoltarla.

«Conosce la regola dei quindici secondi?»

«La regola dei... Non credo, no.»

«È semplice. Quando si ha paura di fare qualcosa è perché siamo noi stessi a sabotarci. Quindi dobbiamo smettere di essere noi stessi per quindici secondi. È il mio mantra. Altrimenti dove troverei il coraggio per prendere un caffè con il professore più fico dell'università?» disse. Stava indubbiamente flirtando.

«Come si fa a non essere sé stessi?» domandai, senza curarmi delle sue intenzioni.

«Tutto quello che serve è lasciare che per quindici secondi sia una versione molto più spudorata di noi a prendere il controllo. Bastano quindici secondi di sfacciato coraggio e il risultato sarà meraviglioso! Ci provi, prof!»

«Quindici secondi...»

«Quindici secondi, sì. E si ricordi, anche i professori hanno bisogno di parlare con qualcuno ogni tanto.»

Mi sorrise e mi salutò, appoggiando lievemente la mano sul mio braccio. Poi si perse nel viavai degli altri studenti.

Finalmente riuscii a concentrarmi, e alla fine scrissi quel messaggio: «Ciao Giulia, ho bisogno di parlarti di una cosa importante. Possiamo vederci oggi?»

Invia.

Tutti quei ripensamenti e bastavano quindici secondi in cui lasciarsi andare. Ci mancava solo che fosse una ragazzina a spiegarmelo.

Quando la *fiducia* di una persona
viene tradita e la vedi triste, non fraintendere.
Non è triste perché l'hai tradita,
ma perché non potrà più fidarsi di te.

Passai la mattinata in attesa di una risposta, con il dubbio che forse avevo sbagliato a scriverle. D'altronde basta poco per sembrare inopportuno.

Dopo pranzo ricevetti finalmente un suo messaggio. Mi disse che aveva appena finito un corso di yoga in Porta Venezia. Io quel pomeriggio non avevo lezioni, quindi decisi che era il momento di affrontare la questione. Le scrissi che l'avrei raggiunta, e lei mi inviò l'indirizzo di un bar.

Presi un altro taxi e mi feci scaricare all'inizio di una via pedonale, in fondo alla quale si trovava il locale.

Fuori continuava a piovere. Corsi più veloce che potevo per bagnarmi il meno possibile, ma la pioggia ebbe la meglio su di me. Arrivai inzuppato fino alle ossa, con l'umidità che mi avvolgeva come una coperta fredda.

Mi scrollai l'acqua di dosso, cercando di non sembrare troppo malridotto, e poi entrai al Kactus Bar.

Giulia era già lì, seduta a un tavolino. Indossava una tuta da ginnastica e teneva i lunghi capelli ricci raccolti. Mi fece un cenno con la mano e mi sedetti sul divanetto di fronte a lei.

«Grazie per aver trovato un po' di tempo per me oggi.»

«Non c'è problema, dal tuo messaggio sembrava una cosa importante.»

Pensai che volesse arrivare subito al dunque, così feci un respiro profondo.

«Allora, che ne dici?» mi interruppe prima che potessi cominciare.

«Che ne dico di cosa?» le chiesi. Non capivo a cosa si riferisse.

«Di questo posto! Ti piace?»

Il suo entusiasmo mi prese in contropiede. La assecondai e mi guardai intorno giusto per non sembrare maleducato. Il posto aveva un'anima moderna, non molto affollato. Era interamente dipinto di un verde luminoso, sedie in vimini e la parola «Bio» scritta ovunque. Decisamente da radical chic.

«Molto carino...» convenni, cercando di tagliare corto.

Ma lei iniziò a parlarmi del locale, per spiegarmi che ospitava spesso mostre ed eventi più o meno interessanti sull'arte ecosostenibile e che il menù era interamente vegano.

E chissenefrega, pensai.

«Adoro questo posto, hanno un approccio super green, verdura fresca di stagione, tutta coltivata senza fertilizzanti o pesticidi. C'è anche un piatto con il cactus, se vuoi provare» mi spiegò.

Fin dall'adolescenza ho sempre avuto un cattivo rapporto con tutto ciò che è verde nel piatto. Per fortuna non ero lì per mangiare.

«Allora» cercai di riprendere il punto «prometto di rubarti poco tempo...»

«Non ti preoccupare, non ho impegni fino a stasera. C'è un vernissage di una cara amica. Vuoi venire con me?»

«Grazie, Giulia, no... Insomma, vengo al dunque» dissi, mentre iniziava a girarmi la testa.

«Va tutto bene? È successo qualcosa?»

Provai a chiudere gli occhi, ma fu peggio. Improvvisamente mi sentii quasi svenire.

«Marco, come stai? Sei molto pallido.»

Giulia aveva un'aria preoccupata e si alzò per sedersi accanto a me. Poi mi versò un bicchiere d'acqua.

«Allora, guardami» disse, mettendosi con la faccia a pochi centimetri dal mio viso. «Devi rallentare il respiro. Guardami e respira, lentamente.»

Cercò di calmarmi massaggiandomi la schiena con movimenti circolari.

«Bravo. Così... Ora stacca la lingua dal palato, rilassa la mascella e cerca di allontanarti dai pensieri...»

Pensavo fossero tutte stupidate, invece funzionò; soprattutto la cosa della lingua. Riuscii a calmarmi e, nonostante l'imbarazzo, stavo tornando in me.

«Sei molto agitato. Beviamo qualcosa, così poi parliamo di tutto quello che vuoi» disse.

Lei ordinò un tè matcha freddo. Io chiesi qualcosa di caldo, e il cameriere mi portò un cappuccino matcha con latte d'avena.

Secondo Giulia era una scelta perfetta: «Questo è quello che si potrebbe chiamare cappuccino giapponese. Vedrai, ti piacerà molto!»

Provai due volte, ma ogni sorso era peggio dell'altro. Imbevibile. Dodici euro. Tutto molto da lei, l'avvocatessa pentita che ora insegnava yoga alla Milano bene.

«Ora sai cosa devi fare?»

Dirti che probabilmente siamo due cornuti, pensai, mentre le facevo cenno di no con la testa.

«Devi recitare *Namu myōhō renge kyō*.»

«Co... cosa?» Mi andò di traverso il matcha, così iniziai a tossire.

«Con questo mantra attiviamo lo stato di buddità nella nostra vita. Significa rispettare la dignità e le infinite potenzialità...»

Ma cazzo!!! urlai tra me e me, mentre facevo un respiro profondo. Come ho fatto a non accorgermi prima che Giulia è totalmente fuori di testa?

Lei nel frattempo stava continuando: «Anche mentalmente, provaci. Devi recitare *Namu myōhō renge kyō*. Vedrai che ti riprendi».

Ero tentato di andare via, incazzato come una iena. Sara probabilmente aveva una relazione con un altro e io ero lì a perdere tempo con Giulia, che nemmeno mi ascoltava.

A un tratto, dopo aver bevuto l'ennesimo sorso di quella brodaglia, ripensai alla teoria dei quindici secondi. «Bastano quindici secondi in cui ti lasci andare...» mi ripetevo. «Quindici secondi di sfacciato coraggio!»

«Senti, Giulia...» Ero pronto, il cronometro era partito. «Senza volere ho controllato la posta di Sara» dissi, abbassando lo sguardo. Feci un respiro profondo. 15... 14... 13... «E ho trovato un messaggio molto strano di Davide.»

Giulia rimase in silenzio per un momento, poi mi guardò stranita, come se non avesse capito in che lingua stessi parlando. «In che senso hai controllato senza volere? Come si controlla senza volere?»

Sbuffai. Aveva subito messo il dito nella piaga. «Ovviamente non è quello il punto...»

Tornai a sentire il cuore che accelerava, un tamburo che mi risuonava anche in testa.

La guardai dritto negli occhi, con aria seria: 12... 11... 10...

«Davide ha scritto a Sara qualche settimana fa, a fine marzo. Un messaggio molto strano sul fatto che avevano superato il limite.»

«Ma che stai dicendo?» Si era fatta improvvisamente seria.

«Le parole esatte sono queste: "Le cose ci sono sfuggite di mano".»

«È impossibile. Mi ha detto che non sentiva Sara da quando ci siamo visti l'ultima volta.»

Quelle parole arrivarono dritte come un pugno. Cercavo di colpire Giulia e invece era lei che mi stava mettendo al tappeto. «Oh cazzo. E quando te l'ha detto?»

«Il giorno in cui mi hai chiamata per invitarmi a quella festa.»

«Ma tu cosa gli hai chiesto?» domandai agitato.

«Nulla di che Marco, calmati! Gli ho solo chiesto se per caso Sara lo avesse chiamato per invitarci alla festa.» Socchiuse gli occhi come se stesse cercando di ricordarsi le parole giuste. «Sai, ultimamente è pieno di lavoro e ha sempre la testa altrove. Temevo si fosse scordato.»

«E lui cosa ti ha risposto, esattamente?» Ero così agitato che continuai a bere quel cappuccino schifoso.

«Ma niente, solo che non la sentiva dalla nostra ultima cena a quattro.»

Scossi la testa, ormai certo di quello che stava succedendo. «Ok, allora abbiamo un problema.»

Giulia si irrigidì. «Sicuramente c'è una spiegazione.»

«Una spiegazione? Quale spiegazione?» Per un attimo alzai la voce, poi cercai di ritrovare la calma. «Nel messaggio c'era anche scritto "È stato bello" e qualcosa sul fatto che avrebbero dovuto lasciare certe cose nei sogni.»

Lei non si mosse, rimase in silenzio, ferma ad ascoltarmi.

«Nei sogni, capito?» cercai di sottolineare con un tono di malizia il senso di quello che stavo dicendo. «E aspetta... C'è anche un'altra cosa. Quando ho chiesto a Sara di invitarvi alla festa, anche lei mi ha assicurato che non sentiva Davide dall'ultima volta che ci siamo visti tutti insieme.»

«Non è possibile... Davide non lo farebbe mai.»

«Ne sei sicura?»

La vidi esitare un attimo.

«Ho bisogno di parlare con lui, subito» disse tirando fuori velocemente il cellulare dalla borsa. Le sue mani tremavano.

La bloccai, sfilandole il telefono dalle mani. «Aspetta! Non puoi chiamarlo. Devi stare calma tu, adesso!»

«Sai quanto aiuta dire a qualcuno "Stai calmo" per calmarlo? Zero! Non aiuta per niente, Marco!» Ora era lei quella pallida come un lenzuolo.

«Ma se tu prima mi hai aiutato così...»

«Sì, ma non è per niente la stessa cosa!»

Cercai di massaggiarle un po' la schiena, come aveva fatto lei. Risultato: mi guardò ancora più incazzata.

«Perché non vuoi che gli chieda spiegazioni?»

«Se ci hanno mentito una volta, sicuramente lo faranno di nuovo, no? Quindi, ci possiamo davvero fidare?»

Il suo viso si rabbuiò all'improvviso, mentre io continuavo: «Prima dobbiamo scoprire la verità, poi possiamo far loro le domande giuste e vedere se hanno il coraggio di mentirci».

«Come hai detto tu, lo hanno già fatto, quindi dobbiamo scoprire cosa sta succedendo.»

«Sì, è per questo che ti ho chiamata. Ho bisogno del tuo aiuto.»

«Ridimmi un po' quand'è che Sara ha ricevuto quella mail?»

«A fine marzo, al ritorno da un viaggio di lavoro a New York. Ha fatto una lunga trasferta lì. Dov'era Davide in quei giorni?»

«A Boston...»

Giulia era sconvolta. Nella sua testa si stava formando lentamente quel puzzle che nella mia si era già dolorosamente composto.

«Sono solo poche ore di treno» la incalzai.

«Ma che cazzo stai dicendo?» Ormai era fuori di sé. «Che siamo le vittime di una relazione clandestina internazionale?»

«Non lo so, Giulia, non lo so. È solo un'ipotesi...»

«Ma figurati...» disse lei. «Davide a momenti non è nemmeno capace di farsi una valigia da solo. Come può essere in grado di organizzare un tradimento così senza lasciare la minima traccia?»

Non ebbi difficoltà a credere a quello che mi diceva: in fondo, fin dal primo incontro Davide mi era sembrato un tipo un po' arrogante fuori ma un po' imbecille dentro. Una di quelle persone che parlano come se avessero tutte le risposte, ma quando si tratta di agire sono più inutili di un ventilatore al Polo Nord.

Ma non era questo il punto, e lo sapeva anche Giulia. Per un attimo, un attimo soltanto, rimanemmo in silenzio, come sospesi, ognuno perso nei propri pensieri.

«E va bene, mi hai convinta» concluse lei. «Non possiamo affrontarli direttamente senza prove concrete. Potrebbero negare tutto.»

L'avevo portata dove volevo arrivare. Ora era mia complice. Decise di tenere il segreto e accettò di aiutarmi a scoprire la verità. Il nostro accordo era un atto di speranza e disperazione, un tentativo di salvare ciò che entrambi amavamo.

Mentre la salutavo, mi resi conto che avevamo appena intrapreso un percorso dagli esiti potenzialmente dolorosi, ma non potevamo più tornare indietro. Avevo bisogno di sapere la verità, qualunque fosse, e speravo che Giulia potesse aiutarmi a scoprirla. Quella fu l'ennesima lezione sull'amore che stava per cadermi addosso: capii che amare non è solo saper dire la verità, ma anche imparare a non ascoltare le bugie.

Ironico, no?
Quando siamo lontani,
la tecnologia ci avvicina con un semplice schermo.
Eppure, quando finalmente siamo vicini,
quello stesso schermo ci allontana.

Ironico, no?
Tutto questo progresso, e alla fine
i più grandi mezzi di comunicazione restano sempre
gli occhi e la voce di qualcuno che ti è accanto.

Lezione numero cinque

Giulia voleva sapere che cosa c'era scritto esattamente nel messaggio, così dovetti andare a ricontrollare. Non fu facile, perché Sara sembrava sempre molto attenta a dove metteva il computer.

Qualche giorno dopo mi si presentò l'occasione. Sara rientrò tardi dal lavoro e lasciò la borsa sul divano prima di buttarsi sotto la doccia. In un attimo entrai nella sua casella di posta, di nuovo. «Forse le cose ci sono sfuggite di mano la scorsa notte. È stato bello, ma come hai detto tu, certe cose meglio farle rimanere nei sogni. Buona Londra! Un abbraccio.»

Fotografai la mail, poi richiusi cautamente tutto. Mi sentivo letteralmente una merda. Non solo perché continuavo a «controllare» una persona che si fidava di me, ma anche perché non avevo il coraggio di affrontarla.

Uscita dalla doccia, Sara venne in cucina per spizzicare un po' di frutta. Aveva addosso solo un asciugamano. Io mi ero appena seduto al tavolo con il telefono in mano, e fingevo di essere distratto mentre in realtà mi sentivo molto concentrato. Se ci ripenso adesso, mi rendo conto di quanto l'amore possa farci sbagliare: spesso siamo più concentrati sulle cose poco importanti che su quelle che contano davvero, e così ci ritroviamo a sapere esattamente cosa ha fatto una persona per farci arrabbiare, ma dimentichiamo cosa ha fatto per renderci felici.

Sara tirò fuori dal frigo un sacchetto di ciliegie, le lavò e le mise in una scodella. Dopo averne mangiata qualcuna, venne dietro di me e iniziò a massaggiarmi le spalle. Mi diede qualche bacio sul collo e capii subito dove voleva andare a parare. La situazione mi agitava ma allo stesso tempo, dato che era da un po' che non facevamo sesso, mi eccitai velocemente.

Mi girai e le sfilai l'asciugamano. Quella sera fu strano. Ci baciammo per qualche momento, poi, come se avessimo fretta, lei si girò mentre io mi slacciavo i pantaloni. In un attimo, spingendo il suo bacino contro il mio, Sara gridò dal piacere. Iniziammo a muoverci sempre più velocemente, l'uno contro l'altra, e poi ad ansimare senza controllo, ognuno concentrato sul proprio orgasmo. Fu senz'altro qualcosa di fisico più che mentale.

Ne avevamo bisogno, ma più per sfogarci che per amarci. Pochi minuti dopo eravamo venuti entrambi, accasciati sul divano. Non potei fare a meno di pensare a come facevamo l'amore all'inizio, come passavamo ore sudati a rotolarci nel letto, senza staccarci nemmeno un secondo. Ora, invece, il tempo di scaldare qualcosa al microonde e avevamo già finito.

Mentre ero lì sdraiato con lei, mi cadde l'occhio sul suo computer, che poco prima avevo aperto e spiato. Mi sentii ancora più una merda.

Non restammo nemmeno un po' a coccolarci. Lei tornò in bagno e io andai a letto, senza aspettarla. Al suo posto, vicino a me, Romeo.

Prima di mettermi a letto, però, inviai la foto a Giulia e poi feci una cosa piccola che nascondeva però un significato enorme.

Un significato che mi faceva paura. Cambiai il codice di sblocco del mio telefono. Sara lo conosceva, e non potevo rischiare che scoprisse quanto sospettassi di lei. Non era facile addormentarsi fianco a fianco come se niente fosse, ma ormai non potevo più tornare indietro. Giulia era diventata la mia unica complice, l'unica che, a modo suo, avrebbe potuto capirmi.

Ci eravamo accordati. Per prima cosa avremmo osservato tutto e cercato altri indizi della loro frequentazione: piccoli segnali o dettagli che fino a quel momento ci erano sfuggiti. Giulia stava lentamente venendo a patti con quel sospetto che io covavo dentro di me da più tempo. Continuava a ripetere che sicuramente c'era una spiegazione, ma lo faceva più che altro per convincere sé stessa.

D'altronde, quando ami qualcuno, non puoi capire se ti mente o meno. Non perché tu sia stupido o poco attento, ma semplicemente perché anche quando inizi a trovare prove su prove, non ci vuoi credere davvero. In cuor tuo, più che cercare prove stai solo cercando scuse. «Non può essere andata così» ti dici. Crei nuove falsità e te le bevi. E pensi che bersi quello schifo sia amare, e allora ti convinci che a volte l'amore fa schifo.

Per diversi giorni, Giulia e io osservammo attentamente i nostri partner, scambiandoci messaggi pieni di dubbi e paure. Cercavamo persino dei modi per farli uscire allo scoperto, e studiavamo dei tranelli che potessero fargli ammettere qualcosa di compromettente. Più il tempo passava, però, meno quella mail sembrava aver lasciato indizi, neppure uno scontrino dimenticato al fondo di una giacca che potesse testimoniare il passaggio nella città dell'altro. Davvero strano. Avevo anche provato più volte a presentarmi in ufficio da Sara, convinto di non trovarla, pronto a scoprire finalmente le sue bugie. Ma non aveva mai funzionato. Sara era sempre lì, piegata sulla scrivania, con la testa persa nei suoi documenti. Lo stesso aveva fatto Giulia.

Tutti e due lavoravano fino a tarda sera; non sembravano certo avere tempo per una storia clandestina.

Era arrivato quindi il momento di rimboccarmi le maniche e pianificare meglio con Giulia come scoprire la verità. Lasciammo passare l'estate, perché sarebbe stato tutto troppo complicato; io stavo scrivendo un saggio importante e per di più Davide aveva portato Giulia alle Maldive. Ottimo tempismo. Quando ripresero le lezioni, a ottobre, ero sommerso dalle tesi dei miei laureandi.

Per fortuna in quei mesi avrei tenuto un solo corso. Il venerdì mattina insegnavo agli studenti, mentre negli altri giorni della settimana mi dedicavo alla ricerca. Ma non riuscivo a concentrarmi, i miei problemi sentimentali mi tormentavano come se fossi un ragazzino alle prime armi. L'unico aspetto positivo è che potevo gestire il tempo a mio piacimento.

Così, durante la settimana, mi davo spesso appuntamento con Giulia al Kactus, per qualche aggiornamento al volo. Anche lei, da quando aveva lasciato la toga per il tappetino da yoga, trovava sempre il modo per prendere un caffè e fare due chiacchiere. Ma erano mesi che «giocavamo» agli agenti segreti, ed era tutto in un fastidiosissimo stallo.

Non è facile vivere sotto lo stesso tetto e imparare a sopportare le abitudini e i difetti di un'altra persona, anche se si tratta di qualcuno che amiamo molto. Ed è ancora più difficile vivere sotto lo stesso tetto con qualcuno di cui non sai se puoi davvero fidarti. Questo era il problema che poco a poco avrebbe fatto insinuare mille falsità nel nostro rapporto. Sara che mi nascondeva qualcosa, e io che, da bravo, iniziavo a fare lo stesso. Come potrei chiamarlo, questo capitolo di una relazione? Il nascondino, forse.

La lezione che stavo per imparare era chiara: nella vita, proprio come a nascondino, chi conta non si nasconde mai. Quando si mette in discussione la fiducia, il vero problema non è il fatto che qualcuno ti abbia mentito, ma il fatto che da quel momento in poi non potrai più credergli con la stessa serenità con cui lo facevi prima. La fiducia si guadagna goccia a goccia, ma si perde a litri. E diciamolo, se esistessero i dieci comandamenti dell'amore, al primo posto ci sarebbe scritto che non ci può essere amore dove non c'è più fiducia.

Anche a Giulia questa situazione pesava molto, infatti durante il nostro ennesimo ritrovo al Kactus lei mi raggiunse con un'idea chiarissima, come un faro nella foschia. Quel giorno non avevo lezione, così ero arrivato in anticipo. Col senno di poi, fin troppo in anticipo, visto che al contrario Giulia era in ritardo. Aveva detto a Davide che sarebbe rientrata a casa dopo aver fatto la spesa, quindi per non destare sospetti era passata al supermercato prima di venire al nostro appuntamento. La aspettai per più di mezz'ora, nel disagio più totale.

Entrando avevo visto con la coda dell'occhio un gruppo di ragazzi che stavano festeggiando un loro amico con una corona d'alloro in testa; doveva essersi appena laureato. Sul momento non ci feci molto caso, poi mi accorsi che in quel gruppo c'erano alcuni miei studenti. Non stavo certo facendo qualcosa di male, però non mi andava di averli intorno mentre parlavo con Giulia di certe nostre questioni.

Chiesi alla cameriera un caffè americano e provai a far finta di niente, sperando di non essere notato. Poco dopo la ragazza tornò con il mio ordine. Purtroppo, se la fortuna è cieca, la sfiga ci vede benissimo, e spesso prende anche la mira. Nel momento in cui porse la tazza io mi girai di scatto. Risultato: caffè bollente rovesciato sul tavolo e in parte sulle mie mani. Dopo un rapido scambio di scuse, mi alzai per andare in bagno a pulirmi mentre lei si occupava del tavolo che era un disastro, con il caffè sparso ovunque.

Per fortuna non mi ero sporcato nulla tranne le mani, che bruciavano come l'inferno.

Le lavai sotto un getto di acqua fredda, cercando sollievo, e poi mi ricomposi.

Tornando al divanetto, però, notai che tra i ragazzi che festeggiavano la laurea c'era anche Martina, la mia studentessa più estroversa. Non feci in tempo a sedermi che mi aveva già visto.

Venne subito a salutarmi, con un sorriso stampato sulla faccia e l'entusiasmo di chi ha vinto alla lotteria. In quel momento odiai quella ritardataria di Giulia più che mai.

«Professore! Ma che bello vederla!» gridò attraversando la sala con due flûte di champagne in mano.

Mi alzai per salutarla. «Già, questo posto mi piace e mi sono fermato a bere un caffè» dissi svogliatamente.

«Ma che fortuna incontrarla qui! Posso offrirle un calice per brindare insieme?»

L'avevo sempre vista con abiti casual, maglioni, jeans, qualche pantalone a gamba larga. In quell'occasione invece sembrava completamente un'altra persona. Aveva un blazer nero molto elegante, che usava come vestito, abbastanza corto da mettere in mostra le gambe, lunghe e sensuali.

«No, grazie… Stavo per andare via…»

«Su, giusto un brindisi, poi la lascio andare!» insistette.

Afferrai il calice buttando lo sguardo verso la porta d'ingresso, per capire se Giulia fosse in arrivo. Una donna era appena entrata con il suo beagle, ma di lei nemmeno l'ombra.

«Allora prof, a cosa possiamo brindare?» La sua faccia tosta mi colpiva sempre molto.

«A quello che vuole.»

«Per me possiamo darci del tu senza problemi» disse avvicinandosi con il calice. Poi si sedette sul divanetto dove mi trovavo io, accavallando le gambe proprio davanti a me. «Preferirei, perché il lei è così... noioso, non crede?»

Dopo un sorso dal calice cercai di ristabilire un po' le distanze. «Forse un po' noioso lo è, però meglio usare il lei. Ci ricorda i nostri ruoli, no, Martina?»

«Ah be', se è per questo sì, sono d'accordo. Lei è così fico che se non ci dessimo del lei potrei scordarmi in fretta di essere una sua studentessa...»

Deglutii sgranando gli occhi.

Poi guardai l'orologio imbarazzato e balbettai: «Si è fatto tardi, devo scappare...» Feci due colpi di tosse, biascicai un «Grazie per lo champagne, comunque» e scappai via.

Uscendo dal locale inciampai in Giulia, che invece stava entrando. Ci scontrammo l'uno contro l'altra, e le caddero un paio di cose che aveva in mano.

«Vieni, veloce. Facciamo due passi. Meglio cambiare aria, che è pieno di miei studenti qui» le dissi mentre raccoglievo delle banane bio dal marciapiede.

«Se vuoi ti do uno strappo verso casa, tanto ho già fatto la spesa e ho la macchina qui vicino.»

Entrammo nella sua Cinquecento elettrica mentre iniziò a piovere. Appena in tempo. La macchina era pulita e profumata, sembrava nuova. Mi accompagnò fin sotto casa, tanto Sara sarebbe rientrata tardi, quindi non c'era rischio che ci vedesse.

«Senti, Marco, io non ce la faccio più... Con Davide abbiamo dei progetti e questa cosa mi sta logorando» iniziò, mentre si destreggiava nel traffico milanese.

«Sì, lo so Giulia. Siamo sulla stessa barca.»

«Cioè, stavamo provando ad avere un figlio, e questa cosa ha cambiato tutto, tutto. Non sento più le stesse cose di prima.» Parlava velocemente, con le lacrime che correvano giù per il viso.

«Posso dartene uno?» le chiesi, aprendo un pacchetto di fazzoletti di carta.

«Grazie.» Si asciugò un po' le guance mentre continuava a parlare. «Dobbiamo capire se tra loro è successo qualcosa, oppure se è tutto nella nostra testa!»

«Sono d'accordo, Giulia, ce lo siamo già detti, ma...»

Mi interruppe: «No, ascoltami. Dobbiamo farli incontrare».

«Mmmhh, bella idea. Magari tutti a cena da noi, che ne dici? E già che ci siamo invito anche uno psicologo per fare terapia di coppia...»

«Dico davvero. Dobbiamo farli incontrare a loro insaputa.»

Capii solo allora che aveva un piano.

«L'idea è questa» cominciò a spiegarmi. «Ci troviamo tutti e quattro nello stesso posto, apparentemente per caso...»

«E poi una volta che siamo tutti lì che succede?»

«Cosa vuoi che succeda? Vediamo come reagiscono quando si trovano faccia a faccia, no? E se non basta iniziamo a parlare dei loro viaggi, di New York e Boston. Così ci rendiamo conto se hanno ancora il coraggio di mentirci.»

«Non lo so... Non sono sicuro sia la cosa giusta...»

«Marco, mi hai messa tu in questa situazione e adesso siamo sulla stessa barca. Se non remiamo insieme, faccio da sola.»

Rimasi in silenzio.

«Fidati. Funzionerà» continuò lei. Poi sospirò, come affranta. «In un modo o nell'altro funzionerà.»

«Va bene, va bene, facciamolo» dissi a quel punto, fingendomi più convinto di quanto non fossi in realtà.

Tanto, arrivati a quel punto, che alternative avevo?

«Grazie.» Tirò un sospiro di sollievo.

«Magari prenotiamo due tavoli da due. Vicini. E magari» continuai «in un locale piccolo, intimo, così sarà impossibile non incontrarsi. Dovrà sembrare tutto casuale.»

«Ottima idea!» Era esaltata.

«Poi ci vedremo e proporremo di unirci tutti in un unico tavolo.»

«Dobbiamo farlo già la settimana prossima» incalzò.

«L'unico problema sarà capire ora e data. Sara è sempre impegnata con il lavoro...»

«Ah, guarda, Davide è uguale!» disse, come se avessi aperto un vaso di Pandora. In quel momento riuscivamo a capirci. «Cioè, tu ci credi che stavamo provando ad avere un figlio e quell'idiota è partito all'ultimo per una convention a Miami? Proprio quando io ero nel massimo periodo di fertilità.»

«Eh, anche per Sara il lavoro viene prima di ogni altra cosa.»

«Sì, ho visto, ma quando hai un progetto di famiglia non puoi mettere sempre prima il lavoro.» Si fermò un attimo e si voltò velocemente per guardarmi. «Ma cosa ne parlo con te, che un figlio manco lo vuoi...»

«Be', questo non è vero» risposi con tono freddo.

«Scusa, non volevo essere indelicata. È solo che tu e Sara dite sempre che volete viaggiare, essere liberi, non avere...»

«Sì, ma che c'entra» balbettai. «Siamo in un momento della vita molto diverso dal vostro. Sara ha appena ricevuto una promozione importante, e non possiamo pensarci adesso.»

«E quando avete intenzione di pensarci? Quando Sara diventerà presidente della Repubblica?» Rise, poi si fece seria e continuò: «Marco, quando vuoi un figlio lo fai. Non pensi prima a realizzarti, perché poi gli anni passano...»

«Vabbè, senti... Torniamo alla cena.» Cercai subito di cambiare argomento, ma sapevo che aveva ragione. «Sei sicura che non vogliamo pensarci un po', Giulia?»

«Fidati di me. Facciamolo subito.»

Iniziai a pensare che fosse meno ingenua di quanto credessi, o forse non lo era mai stata. D'altronde ormai dubitavo della mia capacità di leggere le persone. Se non avevo saputo capire Sara, forse stavo sbagliando anche con Giulia. Ora dovevamo organizzare quell'incontro per cercare di far esplodere la bomba e andare avanti. Qualsiasi cosa sarebbe successa.

Una mancanza, uno sbaglio,
persino un tradimento.
Puoi provare a perdonare tutto, ma ricordati che
c'è differenza tra chi commette un errore
e chi invece continua a ripeterlo di proposito.
E il tuo cuore lo sa, prima ancora della tua testa:
PERDONARE FA BENE,
FARSI PRENDERE PER IL CULO NO.

Mi occupai io stesso di prenotare i ristoranti, anche se non fu facile come pensava Giulia e ci vollero alcune settimane. Sorpresa delle sorprese, Sara accettava sempre con entusiasmo, mentre il vero problema fu Davide: non si presentava mai. Per tre volte di fila Giulia mi avvisò all'ultimo che non sarebbero venuti. Era furiosa. Lei e Davide erano ai ferri corti, anche se lui sembrava non accorgersene. Anzi, da quello che mi raccontava si sentiva sempre più trascurata e incompresa, ma più cercava di farglielo capire, più lui sembrava vivere su un altro pianeta, con la scusa del lavoro sempre pronta e qualche regalino per farsi perdonare le assenze.

La riconoscete questa dinamica? È quella classica delle coppie che non si comprendono più. C'è una bolla e una bomba: uno dei due vive in una bolla di inconsapevolezza, l'altro accumula frustrazione fino a esplodere. Una bolla è fragile, mentre una bomba, pur sembrando solida, è destinata ad autodistruggersi.

Finalmente, il quarto tentativo fu quello giusto. Si presentarono con dieci minuti di ritardo.

«Ma che sorpresa!» esclamai quando lo vidi entrare, mano

nella mano con Giulia. Sara si voltò seguendo il mio sguardo e vide i nostri amici alle sue spalle. Alzai una mano per salutarli, mentre Giulia trascinava Davide verso di noi.

«E voi che ci fate qui?» disse con un tono fin troppo allegro, una volta arrivata al nostro tavolo.

Sara, che fino a quel momento aveva mantenuto una certa compostezza, si irrigidì visibilmente. Sembrava avesse visto un fantasma. «Oh... Ehm... Eravamo qui per una cena tranquilla» rispose, cercando di non sembrare troppo scocciata.

«Incredibile! Abbiamo avuto la stessa idea!» riprese Giulia. «Visto che siamo tutti qui, a questo punto perché non cenare insieme? Sarebbe divertente, no?» Ma non sembrava una domanda.

«Per forza. Non ci vediamo veramente da troppo tempo!» la assecondai.

Prima che qualcuno potesse obiettare, la mia complice aveva già sistemato le sedie attorno al tavolo. Davide, con una smorfia, si lasciò cadere accanto a me, mentre Giulia prese posto con sicurezza accanto a Sara.

«Che coincidenza, vero?» continuò Giulia, alzando il calice verso il cameriere per avere del vino.

«Davvero una bella coincidenza... sì» mormorò Sara, forzando un sorriso.

Avevamo dato il via al nostro piano.

La cena cominciò tra chiacchiere superficiali e bicchieri che si svuotavano fin troppo velocemente. L'atmosfera iniziava a caricarsi di tensione.

Giulia non ci mise molto a lanciare una frecciatina. «Allora, Sara, come stai? È tanto che non ci vediamo. E il lavoro? Chissà come ti assorbe, il nuovo ruolo...»

«Eh sì... Sai com'è, è un periodo intenso, ho molte responsabilità...»

«Intenso... certo» ripeté Giulia con un sorrisetto, puntando gli occhi su Davide, che fissava con insistenza il suo piatto.

Sul tavolo calò un silenzio imbarazzante. Io guardai Giulia, in attesa della sua prossima mossa.

«Ora ti tocca viaggiare di più?» incalzò.

«Eh sì, Sara ha sempre una valigia in mano, ultimamente» le feci spalla.

«Ma davvero? E dove sei stata di bello?» chiese lei, puntando dritta al cuore del problema.

Sara sorrise nervosamente. «Sono andata spesso a Helsinki ma ultimamente faccio avanti e indietro da Londra quasi una volta a settimana. Devo ripartire anche domani.»

«Ah, che bella la Finlandia. Non ci sono mai stato» fu l'unica cosa che riuscì a bofonchiare Davide, sgranocchiando un grissino.

«E voi dove siete stati, invece, di recente?» chiesi.

«Ah, io da nessuna parte. È Davide quello che viaggia di continuo. Più che altro in Europa, a parte qualche tempo fa che è andato a Boston. Cos'era? Marzo?»

Sara quasi rovesciò il bicchiere, cercando di mantenere il controllo.

Giulia continuò: «L'ha adorata. Vero, amore?»

Davide annuì infilandosi un altro grissino in bocca. Giulia non perse l'occasione: «Voi ci siete mai stati?»

«No» rispose Sara velocemente.

«Però lei è stata a New York un po' di tempo fa. Era lì proprio nei giorni del nostro anniversario, e infatti quest'anno non abbiamo potuto festeggiare. Se non sbaglio è abbastanza vicina a Boston. Non ci sei mai passata, tesoro?»

Sara tossì nervosamente, cercando di mascherare il disagio. «Mah, forse una volta in giornata. Onestamente non ricordo...»

La tensione stava diventando insopportabile. Giulia ne approfittò per affondare il colpo: «Ah, ma il vostro anniversario non è a marzo? Quindi tu e Davide eravate entrambi negli Stati Uniti nello stesso periodo! E pure vicini!»

Un silenzio sospeso calò sul tavolo. *Les jeux sont faits*, pensai.

«Non lo sapevate? Non ne avete approfittato per vedervi? Sarebbe stato carino.» La domanda di Giulia arrivò come una bomba.

Sara distolse lo sguardo, visibilmente in difficoltà. Aprì la bocca, pronta a dire qualcosa. Qualcosa che avrebbe cambiato tutto. Le sue labbra si mossero appena, ma prima che il suono potesse uscire, il suo telefono squillò, forte e improvviso, spezzando il silenzio.

«Scusate un attimo» mormorò, quasi sollevata, alzandosi rapidamente dal tavolo. Si allontanò di qualche passo per rispondere e noi rimanemmo lì, in quell'atmosfera un po' sospesa, ad aspettare.

«Cosa?» la sentimmo balbettare. «Com'è successo?»

Lanciai un'occhiata preoccupata a Giulia. Scostai la sedia e senza perdere tempo raggiunsi Sara.

Il suo volto era bianco come quello di un fantasma. Il telefono le scivolò di mano mentre mi diceva: «Papà... ha avuto un infarto. È grave».

«Partiamo subito. Andiamo da lui.»

«Ma come faccio? Domattina ho il volo per Londra.» Non sembrava molto lucida.

«Sei seria? Vaffanculo Londra! Chi se ne importa! Cancella tutto e partiamo» sbottai.

«E come facciamo se qualcuno ha bisogno di me?»

«Sara, adesso è tuo padre che ha bisogno di te. Dobbiamo andare a Venezia.»

Lei annuì, mentre una lacrima le rigava il viso.

Non c'era più tempo per riflettere su ciò che stava per essere detto o su ciò che era stato evitato. Le priorità erano cambiate. La cena, con tutto il suo peso di silenzi e sguardi tesi, era finita. Ma la verità, quella, sarebbe rimasta sospesa ancora per un po'.

Obiettivo del mese:
imparare a scacciare quelle persone
che più tieni al tuo fianco,
più ti senti trascurato.

Lezione numero sei

Ci trovammo poco dopo in auto, la strada sembrava interminabile. Venezia ci aspettava, ma il dolore e la tristezza si erano già seduti tra di noi, pesanti come macigni.

Per i primi venti minuti di viaggio Sara fissò il finestrino in silenzio, stringendosi nella giacca, come se volesse sparirci dentro, mentre io guidavo con troppi pensieri e troppe parole non dette. Ma in quel momento c'era solo la corsa disperata verso l'ospedale, con il cuore gonfio di paura.

«E se non ce la facesse?» domandò all'improvviso.

«Non dire così. Devi essere positiva, adesso.»

Se non altro, invece che parlare di lavoro iniziava a preoccuparsi delle cose importanti.

«Marco, non lo vedo da tantissimo. Ieri mi ha chiamata e non gli ho nemmeno risposto.»

«E perché?»

«Perché ero in una cazzo di riunione, e poi mi è passato di mente. Non riesco a non pensarci.»

Rimasi in silenzio, mentre Sara scoppiava a piangere. Non l'avevo mai vista così.

«Sono una persona orribile» sussurrò con la voce spezzata. Non smise di guardare fuori, come se cercasse nelle luci sfocate della strada la risposta a una domanda che non osava fare.

«Darsi la colpa adesso non serve a niente» cercai di rispondere, mantenendo lo sguardo fisso sulla strada.

«No, lo sono davvero...» continuò. Le sue mani si strinsero ancora di più attorno al corpo, come a proteggersi da sé stessa. «Non ho risposto alla sua chiamata. Mi ha scritto, mi stava cercando... Ma io sono sempre troppo presa dal lavoro. E ora... ora potrebbe morire senza che io gli abbia detto nemmeno un ciao decente negli ultimi mesi.»

«Sara, non potevi immaginare quello che sarebbe successo. Adesso calmati. Vedrai che andrà tutto bene...» C'era una sofferenza autentica e cruda, nella sua voce, ed era difficile per me trovare le parole giuste.

«Non è vero!» scattò, con la voce rotta dall'emozione. Per la prima volta mi guardò dritto negli occhi. «Avrei dovuto saperlo! Avrei dovuto fare di più, rispondere a quella stupida chiamata mentre ero in riunione, o mandargli almeno un cazzo di messaggio quando mi cercava... Sono una merda, ho trascurato tutti in questi mesi. E adesso...»

Non riuscii a dire nulla. Come avrei potuto? Continuavo a guidare, e nessuna parola mi sembrava abbastanza. Sara ricominciò a fissare fuori dal finestrino.

Quando finalmente arrivammo in ospedale, a Mestre, ci fu solo fretta e confusione. Le luci fredde dell'ingresso sembravano amplificare il senso di disperazione. Sara si precipitò al banco della reception, con la voce spezzata: «Mio padre... Dov'è mio padre? Rino Morosin. Ha avuto un infarto!»

L'infermiera tentò di mantenere il controllo: «Mi dispiace, signora, non possiamo farvi entrare subito. Dovete aspettare...»

«No!» gridò Sara, più forte di quanto l'avessi mai sentita. «Io devo vederlo! Ora!»

«Capisco la situazione, signora, ma non è possibile.»

«È mio padre!»

Intervenni, cercando di placare la situazione. «Per favore, almeno fateci sapere come sta...»

L'infermiera scosse la testa, imperturbabile. «È ancora in sala operatoria. Quando avremo notizie ve lo diremo.»

Sara crollò. La presi tra le braccia, e mentre lei si stringeva a me sua madre le corse incontro. Rimasero in silenzio. Le parole ormai non servivano più.

L'attesa sembrava infinita, furono ore devastanti. Poi finalmente il medico ci raggiunse con una buona notizia: «L'intervento è andato bene, il paziente è stabile. Se l'è vista brutta, ma ora è fuori pericolo».

«Possiamo vederlo?» chiese Sara ancora tremante.

«Adesso meglio di no, deve riposare. Tra qualche ora però, quando si sveglierà, gli farà piacere trovarvi qui.»

Cancellammo tutto. Impegni di lavoro, scadenze... Prenotammo un piccolo appartamento proprio accanto all'ospedale. Sara sembrava un'altra persona: si dedicava completamente alla sua famiglia, come se cercasse di farsi perdonare tutti quegli anni in cui aveva lasciato che il lavoro divorasse ogni minuto della sua vita. Restammo con il padre, giorno dopo giorno, silenziosi compagni del suo lento recupero.

Quando finalmente Rino fu dimesso dall'ospedale pensai

che le cose sarebbero migliorate. Passammo i primi giorni ad accompagnarlo avanti e indietro dall'ospedale, tra terapie e controlli, cercando di aiutarlo in ogni modo.

Sara era fragile come non l'avevo mai vista. Ogni sera crollava sul divano accanto a me, il viso pallido, gli occhi stanchi. «Non ci sono stata... Negli ultimi anni non ho fatto altro che lavorare» ripeteva ossessivamente.

«Ci sei ora» cercavo di rassicurarla. «È questo che conta.»

Ma lei scuoteva la testa, il rimorso era evidente. «E se non si fosse più svegliato? Io sarei rimasta con il senso di colpa. E ora sono qui, solo perché è successo il peggio.»

Mi si stringeva il cuore a sentirla parlare così, ma c'era del vero in quel dolore. Sara aveva sempre messo il lavoro davanti a tutto, anche alla sua famiglia, anche a noi due. E io ero stato abbastanza sciocco da pensare che forse, dopo quello spavento, qualcosa sarebbe cambiato. Ma quando suo padre cominciò a riprendersi, quando la gravità della situazione rientrò, vidi la vecchia Sara riaffiorare. Non avevo fatto i conti con la sua ossessione per la carriera, una dipendenza che sembrava più forte persino dell'amore per la famiglia.

Una mattina, mentre sorseggiavamo il caffè, lasciò cadere la notizia come se fosse una questione di routine: «Domani vorrei tornare in ufficio».

Alzai lo sguardo dalla tazza, incredulo. «Domani? Sara, tuo padre è tornato a casa da troppo poco tempo. Ha ancora bisogno di te.»

«Lo so» rispose in fretta, come se volesse chiudere subito la questione «ma c'è una presentazione importante, una riunione con dei nuovi clienti...»

«Una presentazione? E tuo padre?»

Sara si fermò, per un attimo sembrò riflettere mentre giocherellava con la tazzina di caffè. «Sai come si dice, Marco... Chi si ferma è perduto. Il lavoro... il lavoro è tutto quello che ho costruito in questi anni.»

«Sì, ma non è questo il momento di correre dietro al lavoro!» Alzai la voce, con un tono più duro di quanto avessi voluto.

Il suo viso si contorse in una smorfia di sofferenza. «Io... non so come fare diversamente.»

Mi avvicinai, prendendole le mani. «Non è così complicato. Basta esserci. Spegni il telefono e resta qui.»

Sara mi guardò, con gli occhi gonfi di lacrime che non voleva far scendere. «Hai ragione, lo so, ma è come se fossi incastrata in una trappola che io stessa ho costruito. Ho paura, Marco. Paura che se smetto di correre perderò tutto.»

«La vita non è una corsa, e non c'è sempre e solo il lavoro» le dissi piano. «Se continui così, l'unica cosa che rischi davvero di perdere sono le persone che ami.»

Sara abbassò lo sguardo, sbuffando senza più dire nulla. Sapevo di non averla convinta. In quel momento Giulia mi chiamò, e io uscii furtivamente sul balcone per risponderle.

«Come va?» mi chiese. «Il papà di Sara è finalmente a casa?»

«Sì, l'hanno dimesso» iniziai a bisbigliare.

«È un'ottima notizia. E Sara come sta?»

«Meglio» dissi sospirando.

«Che c'è?» mi domandò lei. «Non sembri convinto. Ti conosco, c'è qualcosa che non va.»

«Ma no, va tutto bene. È solo che Sara mi ha appena detto che domani vuole tornare a lavorare.»

«Di già?»

Non risposi, sospirai di nuovo, che è comunque una risposta, no?

«Be', la conosci. Che cosa ti aspettavi?»

«Forse speravo che questo spiacevole imprevisto la facesse riflettere, e invece siamo di nuovo al punto di partenza.»

«Le persone non cambiano. Non devi farti illusioni, Marco.»

«E con Davide come va?» cercai di passare a lei la patata bollente.

«Come vuoi che vada? È un periodo di merda. Dopo la nostra cena non abbiamo fatto altro che litigare. Non riesco a smettere di pensare a cosa avrebbero potuto confessare quella sera... C'eravamo quasi.»

«Sì, lo so, ma adesso non è il momento di parlarne. Ti chiamo appena torno a Milano, promesso» tagliai corto.

Le persone non cambiano? Non so se è una legge universale, ma forse Giulia non aveva tutti i torti.

E come volevasi dimostrare, tornammo a Milano qualche giorno dopo. Sara si rituffò immediatamente in ufficio e io, senza quasi rendermene conto, mi ritrovai di nuovo seduto in un bar a chiacchierare con Giulia.

«Non possiamo continuare a far finta di niente» mi ripeteva lei.

«Hai ragione, ma dammi un po' di tempo. Adesso Sara non è lucida. Non è il momento di affrontare la questione con lei.»

«E quindi cosa vuoi fare?»

«Devo tirarla fuori da questo momentaccio. Lo vedo che sta soffrendo, te l'ho detto. Lei fa finta di niente, lavora tutto il giorno, poi la sera si chiude in bagno a piangere come fosse una cosa normale e con me non vuole parlarne. Con gli occhi tutti lucidi mi dice che sta bene, ma come faccio a crederle?»

Giulia non rispose.

«Devo starle vicino. Che uomo sarei se non lo facessi?»

«Be', saresti come il mio fidanzato, cioè un pezzo di merda» scherzò, ma la sua risata nascondeva tutta l'amarezza di quelle parole.

«Non dire così, dai. Sto solo tentando di fare la cosa giusta. Adesso l'ho convinta ad andare via qualche giorno per Natale...»

«Ah, quindi finalmente l'ha capito che deve staccare?»

«Non sai che fatica! Ci credi che ho dovuto organizzare una riunione con la sua assistente per presentarle il piano di viaggio?»

«Oddio, che tristezza... Quanto state via?»

«Andiamo tre giorni a Natale dai suoi, e poi partiamo per Copenaghen. Una settimana circa in tutto.»

Giulia era allibita, e io mi rendevo conto di quanto fosse tutto assurdo. Eppure, alla fine, riuscimmo a partire. Non che ci avrei messo la mano sul fuoco... Quando ripenso a quel momento, non posso fare a meno di chiedermi: come diavolo potevo davvero credere che tutto sarebbe andato liscio?

Una frase che potrebbe descrivere
il tuo stato d'animo:
sei felice ma non troppo.

Quel piccolo stacco a Copenaghen arrivò al momento giusto. Sembrava proprio che Sara avesse ritrovato un po' di serenità, e io con lei. Da quando era andata a New York le cose si erano inaspettatamente complicate. Prima le assenze, la distanza e quella maledetta mail. Mesi difficili, pieni di sospetti, e poi l'infarto di suo papà. Iniziava a mancarmi com'era prima. Com'eravamo prima.

Mi mancava tutto.

Non ricordavo nemmeno più cosa volesse dire accarezzarsi di notte sotto le coperte.

Sorprendersi con un bacio al rientro dal lavoro era ormai qualcosa di sconosciuto, ma più di tutto la voglia di corteggiarsi. Quello mi mancava tantissimo.

Improvvisamente, una persona che amavi con tutto il tuo cuore, la ami solo a metà. E la parola «innamorarsi» non ricordi nemmeno in che lingua sia.

Perché? Perché qualcosa si è rotto, ma nessuno si è preso la briga di aggiustare la parte danneggiata.

Quel viaggio era un disperato tentativo per provare a ritrovarsi, ma alla fine fu un disastro, complice anche Giulia, che in quei giorni era in piena crisi: Davide era partito per l'ennesimo convegno *last minute*, e lei si era ritrovata a casa da sola durante le feste. Erano ai ferri corti, anche se lui sembrava non accorgersene. Anzi, da quello che mi raccontava, lei si sentiva sempre più trascurata e incompresa, ma più tentava di farglielo capire, più lui sembrava vivere su un altro pianeta, e cercava di compensare le sue assenze con regalini e piccole sorprese. Mi cercava spesso, aveva bisogno di parlare con qualcuno che la capisse. E io, se da un lato non potevo trascurare Sara, dall'altro non potevo nemmeno lasciare Giulia così, dopo averla trascinata in quella storia.

Navigavo tra i sensi di colpa, approfittando dei momenti in cui Sara era sotto la doccia per mandarle qualche messaggio o chiamarla velocemente, cercando di essere presente anche se a distanza.

Vivevo due vite parallele, diviso tra due donne che avevano bisogno di me. Era un gioco pericoloso, eppure me la cavai abbastanza bene.

Forse era solo un mio sentore, ma Sara in quei giorni mi sembrò addirittura più affettuosa di quanto non fosse da parecchio tempo. Non so, magari era l'aria della Danimarca, ma c'era qualcosa di diverso nel suo modo di guardarmi. Si aprì a me più volte, e per un attimo ebbi la sensazione di riprendere il controllo.

«Grazie, professore» mi disse la prima sera, mentre passeggiavamo tra i canali. Le luci di Natale brillavano ovunque e l'aria era impregnata dell'odore di vin brulé e cannella. «Avevo proprio bisogno di questa vacanza, anche se non me ne rendevo conto.»

Sorrisi e le presi la mano. Fu allora che mi confessò qualcosa che non avrei mai immaginato.

«Sai, a volte penso proprio che dovrei mollare tutto.»

«Mollare tutto? Ma che dici? Tu ami il tuo lavoro.»

Le nostre parole si mischiavano al vapore del respiro.

«No. Tu ami il tuo lavoro. Io ho smesso di amarlo molto tempo fa. Continuo a farlo solo per orgoglio e perché mi pagano bene. E questo mi fa stare male. Ma non male abbastanza da licenziarmi e smettere. E questo mi fa stare ancora più male» disse a bassa voce, stringendosi nella sciarpa di lana.

Rimasi per un attimo senza parole, poi commentai: «Mi sembrano entrambi motivi sbagliati per fare qualcosa che non ami. È molto triste vivere per stare male».

Di nuovo, com'era successo a Venezia, sperai che Sara stesse finalmente stabilendo le giuste priorità nella sua vita, o almeno quelle che erano giuste per me. Mi convinsi così che la differenza tra la mia situazione e quella di Giulia fosse abissale. Io e Sara forse potevamo ricostruire il nostro rapporto, mentre Giulia lottava da sola per tenere insieme i pezzi della sua relazione.

Faceva un freddo cane, ma furono giorni molto belli. Stavamo spesso in camera, accoccolati sotto il piumone per guardare la neve cadere fuori dalla grande finestra. Certo, erano lontani i tempi del desiderio che ci faceva strappare di dosso i vestiti. Non facevamo l'amore da un po' e sì, mi mancava, ma il solo fatto di avere Sara tutta per me era sufficiente.

Visitammo i Giardini di Tivoli, che sembravano usciti da una fiaba con le giostre e le bancarelle di Natale. Ci perdemmo nei vicoli di Nyhavn, con le sue case colorate, e facemmo una crociera sui canali della città, stretti sotto un'unica coperta per ripararci dal freddo. Il tramonto sulla barca fu davvero la ciliegina sulla torta.

Sembrava tutto perfetto, anche se in amore per passare dal paradiso all'inferno basta una manciata di secondi. E proprio durante quel giro in barca a Copenaghen qualcosa cambiò tra me e Sara.

Eravamo seduti su una panchina a prua, con il paesaggio invernale che scorreva davanti ai nostri occhi. L'aria era gelida, e il riflesso della neve rendeva tutto magico. Sara aveva appena appoggiato la testa sulla mia spalla quando vidi un bambino inciampare proprio davanti a me. Istintivamente mi alzai per aiutarlo, ma sua madre era già lì. Mi ringraziò con un sorriso, poi lo prese tra le braccia.

Tornai a sedermi accanto a Sara e la scena continuò a girarmi in testa. All'improvviso sentii il desiderio di chiederle: «Perché non facciamo un figlio?»

La sua risposta fu più fredda dell'aria che ci accarezzava il viso: «Che cosa ti prende adesso?»

«Se è vietato parlarne farò voto di silenzio...»

Sara si staccò dalla mia spalla e si girò verso di me, gli occhi di pietra e un'espressione indecifrabile. «Mi sembrava che fossimo d'accordo» disse.

«Lo siamo. O forse lo eravamo» risposi quasi senza rendermene conto.

«Che cosa stai dicendo, Marco? Mi stai chiedendo di avere un figlio? Adesso?»

«Sarebbe così assurdo?»

«Mi sembra un ripensamento un po' tardivo. Lo sai quanti anni ho?»

«Possiamo sempre tentare.»

«Perché mi stai facendo questo? Perché d'un tratto è colpa mia se non posso darti un figlio?»

«Non puoi o non vuoi?»

«Ma che differenza fa?» disse con un sorriso carico di tristezza. Poi si alzò di scatto per dirigersi verso il bar e cercare una via di fuga dalla discussione.

Tornò poco dopo con due *smørrebrød* con l'aringa e una birra da dividerci.

Non disse una parola. Mi accorsi subito dai suoi occhi gonfi e arrossati che non era il freddo a far brillare le sue guance. Aveva appena versato più di una lacrima, cercando invano di nasconderle a me.

Ricordati che concedere a certe persone
seconde, o peggio ancora terze occasioni,
è come continuare a spingere una porta
su cui c'è scritto TIRARE:
semplicemente non funziona.

Lezione numero sette

La vacanza finì così: un tramonto, due panini e tante cose non dette.

Tornati a Milano, speravo con tutto il cuore che quel discorso non fosse destinato al dimenticatoio per Sara. Avevamo bisogno di tornare ad ascoltarci. Io lei, lei me.

Forse dovremmo chiederci più spesso: quanto ci mettiamo a scordarci dei bisogni dell'altro?

Si dice che «Il tempo dissolve i fiori dell'amore, lasciando solo le spine delle abitudini» e illustri pensatori come Schopenhauer, Kierkegaard e compagnia filosofante avrebbero sottoscritto.

Ma, sinceramente? Penso fossero tutti fuori strada. Non è lo scorrere delle ore a logorare i sentimenti, ma l'amnesia silenziosa che ci porta a dimenticare i bisogni dell'altro: non impedire che ciò che per uno è essenziale per l'altro diventi invisibile. Questo è il vero problema.

Cosa possiamo fare, direte voi? In certi casi una delle medicine più utili è ascoltarsi. Ma lo stavamo facendo? Non abbastanza, e io sentivo il peso di quella conversazione irrisolta ogni giorno di più.

Una volta a casa, l'amaro in bocca mischiato al classico retrogusto di «Non posso credere che siamo già tornati» mi regalarono una sorta di jet lag emotivo. Eppure, come accade quando si rientra da una vacanza, i primi giorni volarono via in un lampo, ciascuno un po' perso nei fatti suoi.

Le luci di Natale a Copenaghen lasciarono il posto al grigiore bagnaticcio del gennaio milanese. Addobbi riposti in qualche soffitta polverosa e strade ornate di pozzanghere tra alberi spogli.

Anche Sara si era spenta un po', lo vedevo nei suoi occhi. Ogni mattina usciva di casa sempre prima, come se facesse a gara con qualcuno. Forse scappa da qualcosa, pensai.

«Devo recuperare parecchio lavoro arretrato» mi ripeteva, come a scusarsi.

Sapevamo che il rientro sarebbe stato traumatico, soprattutto per lei, e così, ironia della sorte, in quella prima settimana mi ritrovai a passare più tempo con Giulia che con Sara. Le nostre vite sembravano incastrarsi perfettamente nei momenti di assenza degli altri.

Chi l'avrebbe detto? Eravamo campioni olimpici di solitudine condivisa.

Facevo lezione quasi tutti i pomeriggi, così la vedevo in tarda mattinata. Ci davamo appuntamento in un caffè sui Navigli, vicino a una palestra dove lei aveva iniziato un nuovo corso. Era scomodissimo andare fin lì, ma allungare un po' la strada e capitare nel quartiere in cui ero cresciuto non mi dispiaceva affatto.

Quando la rividi per la prima volta, era come se aspettasse quel momento da settimane. Fui sorpreso da quanto fosse ansiosa di incontrarmi. Magari la stessa impazienza l'avesse Sara, pensai.

Giulia era un fiume in piena, parlò subito e senza freni, prima della solitudine che aveva provato durante le feste e di quanto le mancasse Davide, poi di quel vuoto che la stava soffocando. Ne sapevo qualcosa.

La crisi tra loro era evidente, ma nel modo in cui mi parlava c'era qualcosa di più...

«Forse ha capito che so qualcosa della mail a Sara. Voglio parlare con lui, Marco» insisteva.

Io cercai di dissuaderla: «Giulia, non ha senso parlarne adesso. Come ci siamo detti, organizziamo una cena, lasciamo che le cose vengano fuori naturalmente. Un po' di pazienza».

Quel ping pong andò avanti per una colazione, poi due, poi tre, poi... *et voilà*. Non feci nemmeno in tempo a proporle una data per la cena che qualche giorno dopo, seduti al solito tavolino del nostro caffè, mi confessò di aver preso una decisione: «Marco, ho accettato un'offerta per andare a Bali due mesi» disse sedendosi tutta emozionata.

La stavo aspettando mentre sorseggiavo il solito caffè americano. Lei da lì a poco avrebbe preso qualcosa con il latte di piselli proteici: questione di gusti. La mia faccia in quei momenti è tutto tranne che elegante.

«Oddio! E quando parti?» chiesi.

«Domani!»

Di colpo il caffè che stavo bevendo mi andò di traverso. Tossii, sputacchiando un po' ovunque.

«Tutto bene, Marco?»

«No! Fammi capire... Stai scherzando, vero?!» Ero sconvolto.

«Per niente.»

«No, Giulia! Non mi puoi abbandonare proprio adesso!»

«Mica ti abbandono, Marco. Ci sentiamo anche tutti i giorni a tutte le ore, se vuoi!» disse ridendo, sorpresa dalla mia reazione.

«Scusa, ma i nostri piani?»

«Quali piani? Stiamo giocando a fare gli investigatori, mica costruendo una vita insieme...»

«No, certo... Però... La mail?»

«La mail è solo uno dei mille problemi con Davide. E forse era da tempo che facevo finta di non notarli. Per questo devo ringraziare te! Con quella mail mi hai aperto gli occhi. Ma ora ho proprio bisogno di staccare.»

Mi guardò per un attimo. Io ero senza parole. Poi continuò: «Sai, c'è un proverbio zen che amo molto che dice: "Come il lago riflette il cielo, il cuore riflette..."»

La interruppi: «Riflette solo una confusione totale! Giulia, ma cosa stai dicendo?» feci una pausa per calmarmi. «E con Davide? Ne hai già parlato?»

«Devo dire che mi ha stupito. Pensa che mi ha pure detto che è felice per me» diventò seria.

Capii subito che qualcosa non andava. «Vabbè, scusami, non volevo frenare il tuo entusiasmo...» Forse avevo esagerato.

«Scherzi?» disse concitata. «Mi fa piacere che almeno a qualcuno mancherò!» Poi un velo di tristezza le calò sugli occhi.

«Quello sicuramente. Ormai sei la mia spalla!» Le presi una mano per farle sentire la mia vicinanza. Era chiaro che cosa la turbasse.

«Mi ha stupito perché sai... Sotto sotto speravo che avrebbe provato a fermarmi.» Aveva l'aria delusa di chi è a un passo dal piangere. «E invece sembri tu quello più dispiaciuto. Questa è la situazione.»

«Non dire così. Anche a lui mancherai molto, solo che non vuole darlo a vedere.» Distolsi lo sguardo per non vergognarmi della stronzata che avevo appena detto. «Davide mi sembra il classico tipo che pensa sia figo non mostrare i sentimenti...»

«Ma non era così, all'inizio.»

«Non è mai così, all'inizio!»

«D'altra parte, mica tutti possono essere professori di filosofia, no?»

Be', Davide no di certo, pensai. E poi risposi: «Sarebbe un gran bel casino».

L'indomani mi offrii di accompagnarla all'aeroporto. Mi sembrava di perdere un compagno di viaggio. Ero sicuro che la sua partenza avrebbe cambiato tutto, ma sapevo anche che era giusto tornare ad affrontare i problemi da solo.

Così, appena finita la lezione all'università chiamai Sara per farle una sorpresa. Volevo passare un po' di tempo con lei e trovare il modo di parlarle.

«Amore, sto per entrare in riunione...» Un classico di quando la chiamavo alle sei di pomeriggio.

«Volevo solo dirti che stasera ho prenotato al Roppongi, un ristorante giapponese che ti farà impazzire...»

E invece la sorpresa la fece lei a me. «No, guarda Marco, scusami se non ti ho avvisato prima, ma stasera devo partire per Londra.» Rimasi in silenzio, e lei continuò: «Ho il volo molto tardi perché finirò questa riunione alle otto, quindi mi sa che parto direttamente dall'ufficio». Sbuffai, ma Sara nemmeno se ne accorse. «Faccio passare Camilla a casa a preparare una valigia» concluse, seguendo il filo dei suoi pensieri.

«No, ma lascia stare Camilla, dai» dissi. «Te la porto io. Almeno ci vediamo...»

Ci eravamo cascati di nuovo. La solita storia. Per l'ennesima volta fui io ad andarle incontro. Le proposi di cenare all'aeroporto, almeno avremmo avuto un po' di tempo per stare insieme. Quando Sara arrivò, io ero già lì da un'oretta. Scocciato quanto basta.

«Ti prego, non mi odiare!» disse accomodandosi accanto a me sul divanetto della pizzeria.

«Dai, non ne parliamo. Mangiamo qualcosa che tra poco parte il tuo volo.» Il mio tono non era affatto accomodante.

«Amore, scusami tanto...» Sara sembrava più preoccupata del solito. «Ho lavorato come una pazza questa settimana solo per poter avere il weekend libero e stare con te! Non avrei dovuto avere questa partenza all'ultimo.»

«Tranquilla, Sara, ci sono abituato. Ti va bene una marinara?» tagliai corto.

«Marco, sono seria.»

«Anch'io. Allora, va bene la marinara o vuoi qualcos'altro?»

«Senti, se sei venuto fin qui per litigare, potevi restare a casa» sbottò lei.

«Forse hai ragione. Tanto, per mangiare una pizza di fretta e non avere nemmeno il tempo per parlarsi...»

«Vabbè, lasciamo perdere e mangiamoci questa pizza, dai!» disse innervosita.

Conoscete quella sensazione? Quella di un litigio sospeso, come un film interrotto bruscamente dallo spot di un detersivo. Ecco, lasciare certe discussioni a metà è come chiudere una porta di fronte a un incendio: puoi far finta di non vedere le fiamme, ma il fumo ti segue ovunque.

Sara ordinò una margherita per me, una marinara per lei e due birre. Chiese se potessero fare più velocemente possibile, e arrivò tutto in cinque minuti. Sbuffò diverse volte prima di tornare a parlarmi.

«Scusami, non volevo. Sono solo molto stanca e nervosa» mi disse, mentre addentava uno spicchio.

«Ultimamente quando non lo sei?» ribattei con una punta di sarcasmo.

Sara sospirò per l'ennesima volta.

«A forza di sbuffare, decolli prima che parta l'aereo» scherzai. Ma nessuno dei due aveva voglia di ridere.

Restammo in silenzio per qualche minuto, ingoiando più parole non dette che pizza. L'aria stava diventando troppo pesante, sarebbe stato ingiusto lasciarci così. Perciò posai davanti a noi un ultimo, fragile tentativo per dirle come mi sentivo, senza litigare.

«Immagina di leggere un libro e sottolineare solo le parti che non ti piacciono...»

«Sarebbe un incubo!» commentò.

«Esatto! Già leggere qualcosa che non ti piace è complicato... Se poi devi focalizzarti sulle cose che detesti di più, sarebbe un supplizio.»

«Però?»

«Però, per assurdo, è quello che a volte facciamo con la nostra vita. Ci focalizziamo sulle cose che non vanno e ci dimentichiamo che il vero senso, al contrario, è cercare la frase che vorremmo sottolineare perché ci ha fatto emozionare. È quella che dovremmo tenere con noi...»

«I libri si leggono proprio per cercare tra le pagine quelle frasi, no?»

«Esatto! E anche la vita dovrebbe essere così: cercare in ogni giorno la cosa più bella, senza soffermarsi sul resto.»

«Bella metafora, professore. Cosa stai cercando di dirmi?»

«Che ho bisogno di ricordare le cose belle tra di noi, Sara.»

Lei sembrò accusare il colpo, come se qualcosa dentro di lei si fosse spezzato.

«Messaggio ricevuto...» rispose con un sorriso amaro. «Dammi ancora qualche giorno e ti prometto che farò un corso accelerato sull'amore per recuperare questa insufficienza.»

Un bacio frettoloso sulla guancia davanti al gate fu tutto quello che rimase di quella serata.

Passai il weekend da solo. Piovve quasi ininterrottamente e non misi un piede fuori casa. Sara rispondeva a qualche messaggio di tanto in tanto, nei momenti vuoti tra un meeting e l'altro, mentre Giulia era in volo verso l'Indonesia. Mi sentivo abbandonato.

Restai sul divano a guardare una serie su Netflix. Le puntate scorrevano più veloci di una pubblicità su Instagram e io dormivo tra una tazza di tè caldo e qualche toast al formaggio sbriciolato qua e là.

Non sono il tipo di persona a cui la solitudine fa bene, e purtroppo quella situazione andò avanti a lungo. Quando tornò da Londra, Sara sembrò non ricordarsi della promessa che mi aveva fatto: era di nuovo sommersa di impegni e riunioni. Dopo Londra ci fu Berlino, poi Seul, poi di nuovo Londra, e più il suo passaporto veniva timbrato più lei e la sua agenda si allontanavano da me.

Il breve ritorno di fiamma che avevamo avuto a Copenaghen si era già spento, soffocato dal lavoro, dalla routine, ma soprattutto da quello che non sapevamo dirci.

Mi sentivo solo come non mi era mai capitato prima. Mi sedevo sul nostro divano e vedevo Sara ovunque: nei miagolii di Romeo, nelle briciole lasciate distrattamente sul tavolo, nel profumo del suo accappatoio. La sua era una presenza ingombrante, quasi soffocante, che mi faceva sentire ogni minuto più solo.

Una settimana, poi due, poi un mese, poi un mese e mezzo, e marzo non tardò ad arrivare.

Ripeto: non sono il tipo di persona a cui la solitudine fa bene. Che poi... a chi è che fa bene?

Finché arrivai a un punto di non ritorno. Me ne accorsi il giorno in cui mi ritrovai a parlarne persino a lezione. Pioveva, tanto per cambiare, e l'aula era quasi vuota; giusto un paio di ombrelli fradici appoggiati alla porta.

«Viviamo in un mondo che ci spinge a credere che bisogna stare bene da soli. Ma questa è una cosa contraria alla natura dell'uomo per tanti motivi. Chi me ne sa dire qualcuno?»

Guardai l'aula semideserta. «Tu, in prima fila!»

Un ragazzo con gli occhiali mi lanciò uno sguardo confuso e balbettò: «Ma prof, oggi non doveva parlarci di Fichte?»

Io lo ignorai e proseguii: «Il punto è che, se non sto con gli altri, non so chi sono. E allora come faccio a stare bene? Pensate a questo: si può scegliere ciò che è meglio per noi se non sappiamo davvero chi siamo?»

Lasciai che le mie parole galleggiassero nel silenzio dell'aula, poi me ne andai senza finire la lezione. Ero fuori di me. Avevo solo voglia di sfogarmi con Giulia, ma proprio mentre stavo cercando di chiamarla, Sara mi mandò un messaggio.

«Ti ricordi che giorno è sabato? Prepara le valigie. Ho preso i biglietti per Porto.»

Ero sorpreso. Un dettaglio. Per quanto fosse piccolo e semplice, mi fece tornare subito sui miei passi. Pensai che forse c'era qualcosa che non avevamo ancora perso. Per giorni non pensai ad altro che a quel viaggio. Da un lato non avevo nessuna voglia di partire, dall'altro non potevo ignorare il suo tentativo di riavvicinarsi. Pessimo tempismo.

Due giorni prima della partenza, Sara mi chiamò dopo pranzo

dall'ufficio: «Sto volando a Londra» mi disse, con una nota di ansia nella voce.

Rimasi in silenzio per un attimo, cercando di capire dove volesse arrivare.

«Tu parti da Milano, io ti raggiungo lì. Vedrai, domani sera al massimo saremo insieme a Porto. Stai tranquillo» cercò di rassicurarmi.

In cuor mio però temevo che quel tentativo di riaggiustare le cose avrebbe solo peggiorato tutto. Sara stava cercando di riparare con il nastro adesivo una barca che affondava.

«Va bene, ci vediamo lì…» risposi scocciato.

Giocare a nascondino con la delusione è un'arte sottile: più mascheriamo il dolore con serenità, più dentro di noi si agiterà una tempesta.

Partii da solo.

Arrivato a Porto, disfai la valigia al Torel, quarto piano. La stessa camera in cui avevamo fatto l'amore la prima volta anni e anni prima. Eravamo altre persone.

Aspettai tutto il giorno, ma Sara non arrivò.

La mattina seguente mi mandò un messaggio. «Scusa amore, stiamo lavorando per risolvere un imprevisto. Cercherò di arrivare il prima possibile. Ti aggiorno.»

Ero così deluso che non riuscii nemmeno ad arrabbiarmi. E mentre Sara non mi dava sue notizie, decisi di fare una visita guidata delle cantine di Porto, da solo. Sapevo quanto Giulia amasse il vino, così rimasi al telefono con lei per tutto il tempo. Era appena tornata da Bali, più serena di quando era partita.

Le mandai le foto dei vini che assaggiavo, mentre lei mi inviò le immagini di un centrifugato che beveva mentre disfaceva le valigie.

Quello stesso giorno mi aggregai a una coppia di neozelandesi in luna di miele. C'era tutta la famiglia: i genitori di lei, gli sposi e il figlio. Passeggiammo tra le botti antiche, ascoltando le storie dei vini locali, ma ogni brindisi aveva un retrogusto molto amaro.

Nel pomeriggio tardi finalmente Sara mi chiamò. «Scusami davvero, non sai quanto mi dispiace» disse e sembrava sincera. «Sto cercando di risolvere tutto, qui, ma sembra un incubo. Non puoi capire che ristrutturazione sto facendo nella sede di Londra e bla bla bla...»

Mentre ascoltavo Sara giustificarsi e spiegarmi i mille problemi che aveva avuto, guardavo i sorrisi di quella famiglia felice. Dentro di me mi rendevo conto di quanto desiderassi anch'io una vita così.

La sera cenai in hotel con Giulia. Lei a Milano e io a Porto, collegati dagli schermi dei nostri telefoni. Facevamo gli stupidi fingendo fosse un appuntamento galante tra cuori spezzati. Un bicchiere di vino dopo l'altro, si fece notte.

Eravamo lontani, eppure la sentivo vicina. Nelle nostre parole c'era un'intimità che non condividevo più con Sara. In quel momento riuscii a confessarle una cosa che non avevo mai confessato neppure a me stesso.

«Vorrei un figlio. Lo vorrei davvero» dissi, sorseggiando l'ultimo bicchiere di Porto. «Il problema non è che io e Sara non siamo nel momento giusto, ma è che lei non è la persona giusta...»

«Se lo pensi davvero, perché perdi altro tempo con lei?»

Un silenzio imbarazzante cadde sulla nostra cena a distanza. Proprio in quel momento mi arrivò un altro messaggio di Sara.

«Non ce la faccio a prendere il volo stasera, mi dispiace. Parto domani mattina, giuro.»

Ma non arrivò nemmeno il giorno seguente. Mi mandò un messaggio all'alba: «Amore, sarò bloccata a Londra fino a lunedì sera. Scusa, prometto che mi farò perdonare».

Sulla mia fronte apparve una scritta: VAFFANCULO!

Non le risposi nemmeno e comprai un biglietto per il primo volo disponibile.

Ero arrabbiato? No, però sentivo veramente il bisogno di lasciarmi quel weekend disastroso alle spalle e tornare a casa. Arrivai in aeroporto in un batter d'occhio, e provai quasi un brivido di piacere all'idea di spegnere il telefono: avevo passato gli ultimi giorni a controllare compulsivamente i messaggi, sperando che Sara arrivasse da un momento all'altro. Ora non avevo più voglia di aspettare sue notizie, anzi, speravo che fosse lei ad aspettare le mie.

E fu proprio così. Quando atterrai a Milano e riaccesi il telefono, trovai alcune chiamate di Sara e un paio di suoi messaggi. Il primo era conciliante, premuroso: «Ho annullato tutti i miei impegni per martedì. Ti prometto che recupereremo il tempo perduto. Fatti sentire, professore. Mi manchi». Il secondo aveva tutto un altro tono: «Marco, chiamami, dammi tue notizie. So che sei arrabbiato con me, e ne hai tutto il diritto, ma inizio davvero a preoccuparmi».

Risposi secco: «Sono atterrato ora a Milano, sto bene. Martedì sarò in università tutto il giorno. Non annullare i tuoi impegni per me».

Non era ciò che mi diceva a farmi male,
ma ciò che *non diceva.*
I suoi silenzi. Quei lunghi silenzi
che mi facevano sentire
come se non valessi più nemmeno una parola.

Arrivato a casa, lasciai le valigie nell'ingresso e mi buttai sotto la doccia. Fredda. Avevo bisogno di schiarirmi le idee. Mi infilai una camicia, un paio di jeans, due spruzzate di profumo e un paio di sneakers ai piedi. Aprii il frigo e presi una bottiglia di prosecco mezza vuota. Un bicchiere, poi due, poi tre, e la bottiglia era finita.

Mi tuffai fuori di casa.

Presi la bicicletta, cominciai a pedalare e nel frattempo chiamai Giulia.

Non mi rispose, così le lasciai un audio: «Senti, mi dispiace per come è finita la nostra chiacchierata dell'altra sera, ma ho bisogno di bere un bicchiere con un'amica. Mi fai compagnia?»

L'aria frizzante dei primi giorni di primavera mi accarezzava il viso, ogni pedalata mi sembrava un modo per allontanarmi dalle delusioni.

L'idea era quella di raggiungere Giulia, ma dato che lei non mi rispondeva iniziai a pensare che fosse con Davide. Così rallentai verso corso Sempione, e mi misi a pedalare intorno al parco, non lontano da casa sua.

Il quartiere era vivace, con i bistrot affollati e i tavolini sparsi lungo i marciapiedi. Se non altro mi faceva sentire meno solo. Un pub affacciato sul Castello Sforzesco attirò la mia attenzione: dall'interno si diffondeva una musica festosa, e un piacevole odore di birra e salsicce. Legai la bicicletta e mi avvicinai incuriosito per prendere qualcosa da bere.

Un attimo dopo mi resi conto che si trattava di una festa universitaria, quindi mi avviai per battere in ritirata. Uscii dal locale, pronto per andare a riprendere la mia bici, quando sentii una voce che mi chiamava.

«Professore! Non mi starà seguendo, per caso?»

Mi girai e vidi Martina che mi correva incontro. Aveva in mano un boccale di birra e mi sorrideva. Indossava una minigonna quasi invisibile, ai piedi aveva un paio di Converse logore. Era allo stesso tempo sexy e innocente.

Rimasi a fissarla per qualche istante. Leggermente incantato.

«Prof?» mi chiese come per risvegliarmi.

«No, no...» tornai in me «stavo andando da un'amica che abita qui vicino...»

«Posso offrirle qualcosa da bere?»

«Sì. Perché no?» risposi senza pensarci.

Entrammo nel locale: l'odore di birra era così forte che sembrava parte dell'arredamento.

Dopo un rapido saluto ai suoi amici mi offrì uno shot di tequila al bancone e poi mi fece cenno di seguirla in fondo alla sala. «Qui si sta più tranquilli» mi disse, poi mi prese per mano e mi accompagnò verso un divanetto appartato.

Quel tocco fu decisamente elettrico.

«Bene...» dissi sottovoce. «Un posto più intimo non c'era?»

«Certo che c'è. Il bagno dello staff. Vuole che glielo mostri?» scherzò lei.

Fece cenno a un cameriere di portarci una birra, poi mi allungò il boccale che aveva posato sul tavolino accanto a noi.

«Se vuole intanto può bere dal mio...» sorrise «se non le fa schifo che ci abbia appoggiato la bocca.»

«Non credo sia molto appropriato» risposi guardandola dritta negli occhi. Poi afferrai il boccale e presi un sorso.

«Com'è?»

«Deliziosa» non avevo ancora smesso di fissarla.

«Sembrerebbe che lei ci stia provando con me.»

«Intendevo la birra.»

«Ah sì, certo, la birra...» Martina si morse leggermente le labbra, poi mi si avvicinò un po'.

Rimasi immobile e la guardai con aria di sfida. C'è una linea sottile che divide una semplice pulsione dal tradimento, e bisogna stare attenti a camminare su quel bordo, perché chi decide di sporgersi un po' più in là rischia di cadere.

Il cameriere lasciò sul tavolino un bicchiere di Coca-Cola, al posto della birra che avevamo ordinato. Non me ne resi nemmeno conto.

La tensione tra me e Martina era palpabile, mentre ci stuzzicavamo con lo sguardo.

A quel punto, lei prese il bicchiere di Coca e ne versò un po' nella birra.

«È un cocktail di mia invenzione. La Birra-Cola!»

«Posso assaggiarlo?» chiesi sottovoce.

Si avvicinò lentamente con il bicchiere. Stava per giocare sporco. Lo sentivo.

Avrei fatto meglio a sparire. In certe situazioni fare un passo falso è facilissimo, mentre fare un passo indietro è molto difficile.

Prese un sorso, poi si avvicinò alle mie labbra e mi passò quella miscela direttamente dalla sua bocca. Ci stavamo baciando.

Mentre le nostre labbra si incontravano, un vortice di colpa e desiderio mi travolse. Le misi una mano dietro i capelli, sulla nuca, ma nell'esatto momento in cui le nostre lingue si toccarono sgranai gli occhi, come se mi fossi appena svegliato da un incubo.

Improvvisamente la sua lingua aveva la consistenza di un palloncino di plastica sgonfio che si sfiatava nella mia bocca. Un brivido freddo mi attraversò la schiena.

«Ma che cazzo sto facendo?»

Mi allontanai di scatto e me ne andai, lasciandola lì senza una spiegazione.

Saltai in sella e pedalai verso casa con tutta l'energia che avevo in corpo. Sentivo l'adrenalina pulsarmi nelle vene. Più pedalavo, più il pensiero di quello che avrei voluto accadesse mi travolgeva. Il suono del cellulare mi riportò alla realtà. Era Giulia.

Risposi immediatamente e, senza rendermene conto, la investii di parole, raccontandole quello che era appena accaduto.

«Stai calmo, Marco. Non è successo niente. Vieni da me, così ne parliamo.»

«Davide non c'è?»

«Ma figurati. Non c'è mai» rispose lei, mentre giravo il manubrio, facendo inversione di marcia senza pensarci due volte.

Ero un po' sbronzo, e il tragitto verso casa di Giulia, tra strade ancora trafficate e lampioni tremolanti, mi sembrò un viaggio del perdono a Međugorje. Le mani sudate scivolavano sul manubrio della bicicletta, e i pedali si fecero più pesanti del solito, come se stessi cercando di scappare dal peso dei miei stessi sensi di colpa.

Poi, l'imprevisto. Proprio mentre attraversavo l'ultimo incrocio, un corriere di *food delivery* mi tagliò la strada, facendomi schiantare contro un cespuglio. Mi ritrovai con i jeans strappati e le ginocchia sbucciate. Da ciclista che corre al Tour de France mi ero trasformato in un'omelette caduta dalla padella.

Mi rialzai dolorante e mi accorsi che Giulia mi stava fissando, dall'altro lato della strada. Mi stava aspettando davanti al portone.

«Se stavi cercando di impressionarmi, questa non è stata proprio un'entrata trionfale!» scherzò subito, per cercare di mettermi a mio agio.

Alzai lo sguardo verso di lei, e finalmente mi sentii sollevato. Indossava un paio di jeans attillatissimi e aveva i capelli ricci raccolti in una treccia. La trovai più bella del solito.

«Dato che sei un'amante della natura, ho pensato che potesse essere un buon posto per un primo appuntamento» le dissi, cercando di mascherare le fitte di dolore al ginocchio.

«Non è esattamente quello che avevo in mente per concludere la serata, ma mi accontenterò» continuò lei, prendendomi sottobraccio.

Salimmo fino al suo appartamento, al secondo piano di un palazzo elegante.

Una volta entrati, mi avvolse un forte profumo di lavanda.

«Mettiti comodo. Prendo il kit per medicarti» disse.

Mentre mi sedevo sul divano la tensione iniziò a sciogliersi, anche se il peso del tradimento era ancora lì, come un macigno sul cuore.

Giulia tornò con disinfettante e cerotti, e due bicchieri di vino.

«Addirittura!» commentai la sua premura.

«Ora mi racconti bene cosa diavolo è successo!» Il suo sguardo comprensivo mi faceva sentire meno solo. Era proprio quello che mi ci voleva.

Mentre Giulia mi medicava, cominciai a raccontarle tutto. Di Martina, di quel bacio rubato, della delusione che provavo per Sara. Avevo bisogno di sentirmi giudicato: a volte c'è bisogno anche di quello, per comprenderci meglio.

«Marco, hai fatto una cazzata. Ora che hai intenzione di fare con Sara?» mi chiese seduta davanti a me, mentre finiva di disinfettarmi un ginocchio.

«Tu che dici?» ribattei, guardandola con un po' di amarezza.

«Non lo so... Forse è arrivato il momento di smetterla di nascondere la verità. Però, se ti senti in colpa, prova a parlarle.»

La interruppi mentre si alzava. «Ma Giulia, io non credo di sentirmi in colpa.»

Sgranò gli occhi, quindi mi spiegai: «O meglio, mi sento in colpa, ma non nei confronti di Sara...»

Giulia si sedette accanto a me. Nonostante lo spazio disponibile, scelse di avvicinarsi, creando un'intimità palpabile. Quasi fraintendibile. Ero confuso.

«E allora verso chi ti senti in colpa?» mi chiese guardandomi dritto negli occhi.

«Forse verso me stesso...»

«Perché?»

«Perché non era lei che volevo baciare.»

«Era Sara?»

«Nemmeno. Ho così fame di baciare qualcuno che in questo momento potrei baciare chiunque, ma non è quello che mi farebbe stare bene.»

«E cosa ti farebbe stare bene?»

«Non lo so, forse baciare qualcuno che possa capirmi davvero.»

Per un attimo, un attimo soltanto, rimanemmo immobili, mentre i nostri respiri si facevano più lenti per non spezzare quel silenzio.

«È la storia della mia vita, Marco» mormorò lei.

«Allora cosa dobbiamo fare?» le chiesi sottovoce.

La confusione e l'attrazione si mescolavano, creando un mix di emozioni che ci lasciava sospesi tra il desiderio e la paura. In quel momento non esisteva altro all'infuori di noi due.

Sentii un impulso irrefrenabile, e senza pensarci troppo la baciai. Quando le nostre labbra si incontrarono, mi sembrò di tornare a respirare dopo anni di apnea.

Giulia si staccò per un istante. Restammo fermi a guardarci, occhi negli occhi. Il respiro affannoso di entrambi non riusciva a coprire il rumore dei nostri sentimenti.

«Vaffanculo» disse con voce tremante.

Poi mi si buttò addosso, prendendomi il viso con le mani e sedendosi a gambe aperte sopra di me. La passione ci travolse completamente, ci strappammo i vestiti di dosso. Ogni movimento era veloce, brutale, eppure allo stesso tempo così naturale.

Sembravamo due cani affamati da giorni che, improvvisamente, trovandosi davanti a un banchetto ricco di prelibatezze, non riescono a resistere alla tentazione di assaggiare tutto. Prima lei sopra di me, poi io sopra di lei. Due corpi sudati che si aggrovigliavano in una lotta appassionata, sfregavano, scivolavano e si contorcevano sul divano.

Poco dopo ci trovammo entrambi sdraiati per terra, ancora avvinghiati l'uno all'altra.

Capii che avevamo esaurito le scuse. Io volevo Giulia. E lei voleva me.

Vuoi conoscere una verità scomoda?
Chi è lontano, a volte, riesce a esserti più vicino
di chi ti sta accanto.
E chi ti guarisce, molte volte,
ti cura nascondendo ferite più profonde delle tue.

Lezione numero otto

«E ADESSO che facciamo?» sussurrò Giulia con la voce che le tremava.

Quell'inaspettata vicinanza fisica, il calore del suo corpo contro il mio, le sue mani che mi rassicuravano, ci avevano portato là dove non avremmo mai immaginato. Ma la verità è che il risveglio da certi sogni è sempre un po' un incubo.

«Io un'idea ce l'avrei...» risposi, avvicinandomi per darle un bacio sulle labbra. Ancora non mi rendevo conto di come stesse per cambiare tutto.

Intorno a noi sembrava fosse esplosa una bomba. Il divano era ridotto a un disastro, i cuscini sparsi ovunque. Eravamo ancora sdraiati, nudi e aggrappati l'uno all'altra, come se fosse una questione di vita o di morte. La sua pelle era calda e morbida, e io continuavo a sfiorarla con le dita, tracciando le lettere del suo nome.

«Dico sul serio. Cosa facciamo adesso?» chiese, guardandomi con un'ombra che le attraversava gli occhi.

Feci un respiro profondo rendendomi conto che era finito

il momento dell'incoscienza. Giulia aveva un'espressione tesa, preoccupata.

«Non lo so» risposi a mezzavoce. Poi sospirai: «Ti sei pentita di quello che è successo?»

«No. E tu?»

«Neanch'io, ma...» mi interruppi come per trovare le parole giuste.

Giulia mi incalzò: «Ma? Cosa stavi per dire, Marco?»

Presi coraggio e dissi quello che andava detto, anche se non era certo quello che volevo: «Ma abbiamo bisogno di prenderci una pausa, tutti e due. Abbiamo passato troppo tempo insieme, ultimamente».

Giulia rimase in silenzio. Per un attimo mi sembrò delusa, poi disse: «Quindi non ci sentiamo più?»

«Per un po' basta con gli appuntamenti clandestini e le telefonate nel cuore della notte» risposi, cercando di svicolare.

«Va bene, hai ragione. Allora è meglio che tu vada» convenne lei.

Da quel momento tra di noi cadde un silenzio tombale. Non c'era altro da aggiungere, o forse sì, ma nessuno dei due aveva intenzione di farlo. Ci salutammo frettolosamente: le sfiorai i capelli con un gesto imbarazzato e lei disse qualcosa di banale, come «Stammi bene». Poi mi dileguai fuori dalla porta.

Per quanto mi vergognassi ad ammetterlo, tornai a casa pedalando con un'inaspettata leggerezza. Avevo tradito Sara, eppure non mi sentivo in colpa. Com'era possibile?

Ora finalmente potevo smettere di mentire a me stesso: la mia relazione con Sara stava andando da troppo tempo in una direzione che non era la mia. Non c'è cosa più importante dell'essere onesti con sé stessi. Nella vita dobbiamo essere sinceri su ciò che desideriamo e avere il coraggio di correre dei rischi. Ingannarci o trovare scuse per restare nella nostra zona di comfort non è altro che un modo per evitare di vivere. E io ero stanco di quel non vivere.

Quella era un'altra lezione che di lì a poco avrei imparato sulla mia pelle: per vivere ci vuole coraggio, ma per amare serve anche una buona dose di follia.

Avevo paura? Certo, ma sapevo che qualsiasi cosa fosse accaduta, l'avrei affrontata e non mi aspettavo sconti.

I giorni che seguirono furono difficili. Confusi come un puzzle disperso sul pavimento, con pezzi che non volevano mai combaciare. Sara era tornata da Londra di pessimo umore. Non ci furono scuse da parte sua, né un accenno al mio weekend solitario a Porto. Sembrava evitare l'argomento in qualsiasi conversazione.

Non faceva che parlare di un affare che le era saltato e blaterava continuamente di come i suoi colleghi inglesi fossero degli incompetenti. Più si lamentava meno riuscivo a sopportarla.

Dopo tutto quello che era successo, ero davvero pronto a rivederla? No, quel riavvicinamento forzato sotto lo stesso tetto fu doloroso, ma cercai di far finta di nulla, come se non fosse accaduto niente né a Porto né con Giulia.

Mi convinsi che tutto ciò che per lei non era importante, non lo sarebbe stato nemmeno per me. Da quel momento, non avrei più avuto aspettative. Era triste da accettare, ma se sfogliamo il libretto delle istruzioni della vita, possiamo leggere chiaramente che le delusioni sono utili solo se, dopo averci aperto gli occhi, ci fanno chiudere il cuore.

La settimana passò, faticosa ma veloce. Ogni giorno sembrava un balletto in cui cercavamo di evitarci, senza farlo in modo troppo palese. Andavo a letto presto o fingevo di avere impegni, mentre Sara si immergeva nel lavoro o in uscite dell'ultimo minuto. Pur vivendo sotto lo stesso tetto, e dormendo nello stesso letto, i nostri percorsi si incrociavano appena, un saluto frettoloso al mattino e un cenno distratto la sera. Sara non mi lasciava più nessun biglietto quando usciva di casa, e io d'altronde non me li aspettavo. Sembrava che entrambi fossimo diventati esperti nell'arte di evitare il confronto, trasformando la nostra casa in un labirinto di scuse. Sara, abituata a dare la priorità al lavoro rispetto a qualsiasi altra cosa, aveva già i suoi trucchi; io invece stavo imparando a trovarne di miei.

Non appena apriva bocca io annuivo, ma il mio cervello faceva un triplo carpiato e atterrava su Giulia. Cercando di mantenere la calma, non facevo altro che pensare a lei. Non riuscivo a togliermela dalla testa.

Mi sentivo nel bel mezzo di un corso intensivo su come sopravvivere ai disastri sentimentali.

E come se non bastasse, in università dovevo anche affrontare Martina. Schivarla era diventato il mio nuovo sport preferito; peccato che nessuno mi avrebbe dato una medaglia per questo. Le cuffiette, sempre infilate nelle orecchie, erano la mia arma segreta. Se la incrociavo nei corridoi facevo finta di essere impegnato in una telefonata, parlando a vuoto, e se mi chiamava all'uscita dell'università dopo una lezione diventavo improvvisamente sordo.

Alla fine si stancò di inseguirmi ovunque. E quando smise, sentii una vera e propria standing ovation da parte dei miei nervi.

Se con Martina potevo far finta di niente per quel bacio, con Giulia invece sentivo sempre più il bisogno di discutere di ciò che era successo, anche solo per capire che effetto mi avrebbe fatto rivederla.

Così un pomeriggio, dopo l'ennesima giornata passata a evitare Sara, decisi di seguire l'impulso.

Uscii dall'università dopo pranzo e pedalai veloce verso la palestra dove Giulia teneva i suoi corsi il venerdì. Sapevo l'ora esatta in cui finiva la lezione e mi appostai di fronte all'ingresso, aspettando di vederla uscire. Il viavai del traffico rendeva l'aria più calda, e la città pulsava di vita e rumori. Mi sentivo un po' invadente, ma avevo bisogno di capire se lei provava lo stesso. Avevo le mani sudate ed ero nervoso come un adolescente al primo appuntamento. Il chiacchiericcio dei passanti riempiva la via, accompagnato dallo stridore metallico del tram in arrivo. I clacson impazienti delle macchine in coda e i motorini che si infilavano ovunque creavano un sottofondo caotico. E io, in mezzo a tutto quel rumore, sentivo sopra ogni cosa il mio cuore battere come impazzito.

La vidi uscire, fresca e luminosa. Indossava una tuta sportiva aderente che metteva in risalto ogni curva.

«Giulia!» chiamai.

Lei si girò, sorpresa. «Marco!» Sembrava avesse visto un fantasma.

«Dobbiamo parlare» le dissi con tono deciso.

Lei si guardò intorno. «Che ci fai qui?» mormorò, tirandomi dentro l'ingresso. «Tra cinque minuti arriva Davide per accompagnarmi a casa.»

Insistetti senza esitazione: «Non mi interessa, dobbiamo parlare adesso».

«Vieni...» disse, afferrandomi per il braccio e trascinandomi in un corridoio accanto alla reception.

Con un badge aprì una porta e ci infilammo in un piccolo spogliatoio riservato agli insegnanti.

L'ambiente era minuscolo, ed era impossibile non stare vicini. L'odore di detersivo impregnava l'aria. Alla mia destra c'erano solo armadietti metallici, alla mia sinistra una piccola panca sulla quale Giulia appoggiò la sua borsa.

«Veloce, non abbiamo molto tempo!» disse, agitata.

«Non riesco a smettere di pensare a te» affermai, mentre le parole mi uscivano dalla bocca come un fiume in piena: da troppo tempo non avevo detto niente del genere a nessuno. «Lo so, sono stato io a proporre di prenderci una pausa, ma non ci riesco.»

Giulia mi guardò, attonita per un attimo, poi si tradì con un accenno di sorriso. Restammo in silenzio per qualche secondo. Si avvicinò lentamente, mentre le nostre mani si sfioravano. Il mio cuore iniziò ad accelerare, e ogni centimetro che la avvicinava sembrava una minaccia imminente.

«Giulia, fermati, altrimenti non potrò fermarmi.»

«E se fossi io a non volermi fermare?» disse lei, puntando dritta ai miei occhi.

«Hai capito cosa ho detto? Penso continuamente a quello che è successo tra di noi...»

«Anch'io non faccio altro che pensarci.» Avvicinò il suo viso a pochi centimetri dalle mie labbra. Potevo sentire l'odore del suo profumo dolce al caffè.

Feci un passo indietro, cercando di riprendere un po' di spazio, e le accarezzai la guancia.

«Tradire una volta può essere un errore. Rifarlo è una scelta.»

Giulia sospirò. Il calore del suo fiato mi sfiorò la bocca.

«Allora questo è un bel casino» sussurrò prendendomi la mano «perché so già qual è la mia scelta. E la tua?»

L'aria intorno a noi sembrò farsi più densa, e in quel momento capii che volevamo entrambi la stessa cosa. Le presi il viso con le mani e iniziai a baciarla.

Dopo, tutto precipitò. Ci sfuggì di mano ogni cosa, in un susseguirsi di gesti urgenti. Eravamo ritornati su quel divano.

Le nostre mani tremavano leggermente, togliendoci i vestiti con una frenesia silenziosa, mentre assaporavamo le nostre bocche, baciandoci sempre più ferocemente.

Le dita di Giulia scorrevano veloci sui bottoni della mia camicia, io le sfilavo con delicatezza la giacca della tuta.

Dopo pochi secondi eravamo mezzi nudi. Sapere che da un momento all'altro qualcuno sarebbe potuto entrare, nell'ipotesi più remota persino Davide, mi eccitava in un modo che non avevo mai provato. Era come se il senso di colpa non facesse altro che alimentare il desiderio.

Mi avvicinai e le baciai il collo, sentendo il suo gemito soffocato contro la mia pelle. Le sue mani scesero lungo il mio corpo. Mi slacciò i pantaloni, che caddero a terra. Poi mi spinse a sedere sulla panca dello spogliatoio.

Feci scivolare le mani lungo i suoi fianchi, seguendone le curve, fino a raggiungere l'elastico dei leggings. Con un gesto deciso li tirai giù, lasciandola nuda.

Si avvicinò per sedersi sopra di me. Ansimò, e il suo respiro si fece più rapido, mentre i nostri corpi si univano con movimenti lenti e intensi. Mi baciò e con le mani prese a esplorare la mia schiena. Sentii le sue unghie graffiarmi leggermente, un misto di piacere e dolore che mi fece tremare.

Il mondo esterno era di nuovo scomparso. Eravamo soli

in quel piccolo spogliatoio, almeno finché un telefono iniziò a squillare. Il suono proveniva dalla borsa di Giulia. Si piegò leggermente sul lato per cercare di rispondere, ma io continuavo a stringerla a me, mentre guidavo i movimenti con dolcezza.

«Aspetta, è Davide...» sussurrò.

«No, Giulia, dai, non rispondere... Non fare cazzate.»

«Devi solo stare zitto un attimo» bisbigliò tappandomi la bocca con la mano. «Pronto» rispose, cercando a fatica di fingere disinvoltura. «Cinque minuti e sei qui?»

Io ero come paralizzato, ma Giulia riprese a muoversi lentamente contro di me, fissandomi dritto negli occhi. Sentivo il suo calore addosso, il suo desiderio che pian piano mi travolgeva di nuovo.

«Va bene, arrivo» disse infine, cercando di controllare il respiro. «Sì, aspettami in macchina.»

Chiuse la telefonata. La guardai per un attimo, immobile. Non riuscivo a credere a quello che stavamo facendo, ma eravamo più eccitati che mai. Le sue mani si aggrappavano alle mie spalle, mentre con le gambe spingeva sempre più forte contro di me. Il ritmo aumentava, l'intensità cresceva, e sentii che stavamo per raggiungere il culmine.

Con un ultimo gemito, ci lasciammo andare insieme.

Restammo abbracciati, ancora tremanti per qualche istante senza dirci nulla. Poi Giulia si rivestì. Una rapida occhiata allo specchio per sistemare i capelli ed era pronta per uscire.

«Che hai da guardare?» mi chiese all'improvviso. Non mi ero reso conto che la stavo fissando.

«Niente, scusami. È tutto così surreale» risposi quasi senza rendermene conto.

«Ora devo andare. Davide mi sta aspettando» tagliò corto lei. «Tu aspetta almeno cinque minuti prima di uscire di qui.»

«E cosa faccio chiuso qui dentro?»

Lei sorrise e poi se ne andò.

Proprio come il *vino*,
l'amore non si giudica dal tempo che passa,
ma dal sapore che lascia.
Un mese con la persona giusta
vale più di tanti anni passati con chi
non ha mai saputo farti ubriacare il *cuore*.

Da quel giorno cambiò tutto. Tra me e Giulia esplose un'attrazione fortissima e magnetica. Non riuscivamo più a fermarci. Gli incontri clandestini divennero sempre più frequenti e intensi. Eravamo entrambi spinti da un cocktail di desiderio e senso di colpa. Ma non era solo quello a unirci. Quando vieni dato per scontato per troppo tempo, incontrare qualcuno che ti apprezza rende ogni attimo insieme un dono inestimabile. È difficile tornare indietro.

Pur essendo protagonisti di una storia totalmente sbagliata, cominciammo a sentirci incredibilmente appagati. Ogni nostro incontro era una fuga dai rispettivi problemi sentimentali, e i nostri baci rubati diventarono una vera e propria droga. Più l'assumevamo e meno sentivamo di soffrire. Sfruttavamo le assenze di Sara e Davide per ritagliarci momenti da trascorrere insieme, e quei momenti davano sfogo a tutta la rabbia, l'amarezza e la solitudine che avevamo provato con i nostri rispettivi partner.

Più i giorni passavano, più il brivido del rischio divenne un ingrediente fondamentale nel mio rapporto con Giulia. Iniziammo a cercarci anche quando i nostri compagni erano entrambi a Milano. Inventavamo scuse per essere «finalmente» noi gli assenteisti delle rispettive relazioni, rendendo quella doppia vita ancora più pericolosa, ma anche più stimolante. Passarono due settimane senza che restassimo un solo giorno senza vederci. Facevamo l'amore ovunque ci capitasse, non riuscivamo a stare lontani. Spesso mi domandavo dove ci avrebbe portati quel gioco così pericoloso.

«Pensa a un posto» mi disse una mattina Giulia, mentre ci divoravamo di baci, seduti sul divanetto più appartato del nostro solito bar.

Chiusi gli occhi per un attimo, cercando di immaginare qualcosa di esotico. «Fatto.»

«Qual è?»

Sorrisi, certo che avrebbe apprezzato la mia scelta. «Marocco. Marrakech.»

«Allora questo gioco ci porterà a Marrakech. Facciamoci questa promessa.»

Sorrisi, senza rendermi conto di che cosa le stavo promettendo davvero.

Mi illusi che quella situazione potesse durare, ma mi sbagliavo: non ci volle molto perché Sara cominciasse ad accorgersi che qualcosa non tornava.

Capitava spesso che la sera, quando lei rientrava, io uscissi. Le mie parole magiche erano: «Devo scappare, poi ti spiego!»

Le ripetevo in loop, e al mio rientro mi inventavo una qualche scusa di lavoro, degli articoli a cui stavo collaborando con un gruppo di colleghi, oppure il sempreverde psicodramma famigliare che avrei dovuto gestire insieme ad Alice.

Ma Sara, a furia di sentirsi ripetere «poi ti spiego» iniziò ad avere qualche sospetto. Finché, una di quelle sere, mentre stava facendo una videochiamata di lavoro sul divano, con la coda dell'occhio si rese conto che stavo uscendo.

«Marco, aspetta!» gridò, mentre aprivo la porta d'ingresso.

Avrei dovuto far finta di non sentire, e invece mi bloccai ad aspettarla sulla soglia.

Era il momento del mio: «Devo scappare, poi...»

«Mi spieghi. Sì, immaginavo... Perché mi dici sempre "poi ti spiego"?» mi interruppe con un tono strano. Sembrava inquieta. «C'è qualcosa che non va?» Mi prese in contropiede.

Ricordatevi bene questa cosa: con il sospetto che cresce, una persona diventa più attenta ai dettagli. Inizia a notare schemi nei comportamenti e nelle scuse, come la frequenza degli impegni improvvisi o la natura delle giustificazioni.

«No, è solo che tra una settimana dobbiamo presentare la ricerca e...»

«È una questione di lavoro, lo so» scosse la testa, guardando per un attimo a terra prima di rialzare lo sguardo. «Ma intendevo, c'è qualcos'altro che non va?»

Avevo capito di essere sotto osservazione. D'altronde l'avevo passata anch'io, quella fase, che chiamerei «la raccolta delle prove»; spesso è inconsapevole e la mettiamo in atto per confermare i nostri sospetti. Quando le prove si accumulano, arriva il momento in cui decidiamo di affrontare direttamente l'altro, anche in maniera «apparentemente» serena.

Non volevo mentire del tutto. Una parte di me sentiva il bisogno di lasciarle una piccola fessura da cui potesse spiare. Nei miei sentimenti, più che in quello che facevo con Giulia.

«Tra noi sicuramente ci sono cose che potrebbero andare

meglio. Ma non ne parleremo adesso. Tu ora hai cose più importanti da fare e a quanto pare anch'io...» riuscii a mantenere un tono pacato che però tradiva una punta di frustrazione.

Lei sospirò, la mia risposta l'aveva turbata.

«Se vuoi aspettarmi, ti accompagno» mi disse.

Mi venne da ridere, ma cercai di frenare subito quella risata amara stringendo i denti, per non sembrare strafottente. Ho imparato che bisogna stare attenti a ridere quando gli altri sono seri. Non solo lasci intendere che non prendi sul serio le loro parole, ma che addirittura le trovi ridicole. E questo, nella migliore delle ipotesi, può offendere o ferire i loro sentimenti. Alice me l'ha ripetuto allo sfinimento, ricordandomi di tutte le volte in cui, da piccoli, sentivamo papà ridere alle lamentele di mamma. Col senno di poi, in effetti, non c'era proprio niente da ridere.

«A... As... aspettarti?» balbettai. «Quanto devo aspettarti?»

«Un'oretta e ho finito.» Aveva un tono stranamente dolce, come se sperasse davvero che io la aspettassi.

«Sara, tra un'oretta ho finito anch'io. Fai con calma e vai a letto.»

«Ti aspetto a letto?»

Spalancai gli occhi dallo stupore. Mi sembrava un'altra persona.

«Non aspettarmi. Sarai stanca.»

Le diedi istintivamente un bacio in fronte, sussurrai «Buonanotte» e me ne andai. Lei mi guardò uscire, senza aggiungere neppure una parola.

Scendendo le scale non potei fare a meno di pensare che, se solo Sara avesse interrotto la sua dannata videocall in quel momento, probabilmente avrei trovato il modo per restare con lei. Magari avremmo litigato un po', magari avremmo alzato la voce, ma alla fine sarei rimasto.

Iniziavo a pensare che, in fondo, fosse quello il vero sbaglio. Non la relazione con Giulia, ma quella con Sara.

«Sara non cambierà mai» mi dicevo, come se stessi cercando di convincermi. «Forse è il momento di metterci una pietra sopra.»

Ecco, quella sera mentre scendevo le scale pensavo che senza di lei ogni gradino fosse una boccata d'aria fresca.

Sbuffai, ridendo tristemente di quel mio pensiero. Mi stavo rendendo conto che il mio cuore aveva già preso una decisione? Forse. Restava solo la mia testa a non volerlo ammettere.

Passò un'altra settimana, poi due, poi tre. Io e Giulia ci avvicinavamo sempre di più, e quella che era iniziata come un'avventura di una sera divenne una vera e propria relazione.

Mi sentivo sempre più distante da Sara, e cercare di evitare tensioni tra noi era quasi impossibile. Le mie piccole assenze, per lei, diventarono sempre più difficili da sopportare. Iniziammo a battibeccare per qualsiasi stupidaggine: dal controllo della tv a quello della temperatura in casa, dal disordine alla durata della doccia. Qualunque cosa era un pretesto per sfogare i nostri sentimenti. Le discussioni duravano poco e finivano sempre con un silenzio glaciale. Più che a CityLife sembrava di stare al Polo Nord.

La verità? Semplice, dietro tutte quelle piccole e inutili discussioni si nascondeva ben altro.

C'era il «sottinteso». È quello che ti fa arrabbiare persino se la persona che ti sta accanto, in modo del tutto banale, lascia i piatti sporchi in tavola e poi esce di casa distrattamente. Provi rabbia e frustrazione, ma non per i piatti sporchi né per la persona distratta. Il vero colpevole è dentro di te: mia sorella lo chiama «il fantasma dell'amor proprio», e rende l'idea molto chiaramente.

Il fantasma dell'amor proprio è un rumore di fondo costante, come uno spettro che vaga dentro di te e infesta le tue giornate. Si aggira nel profondo del tuo cuore ed è pronto a emergere quando meno te lo aspetti; ti fa esplodere per piccole cose perché c'è qualcosa di più grande che non va.

Solo perché ami una persona non è «sottinteso» che tu ti possa dimenticare di amare te stesso. È questo che cerca di ricordarti il fantasma. Ti supplica di essere sincero. Devi prenderti quello di cui hai bisogno, ammetterlo allo specchio e a chi ti circonda.

Dietro tutte quelle piccole e inutili discussioni c'erano tante, troppe cose che avrei voluto dirle. Perché non riuscivo a farlo? Forse perché sapevo che le avrei fatto del male. Forse perché nemmeno io ero sicuro di quello che volevo. O forse perché ero più vigliacco di quanto volessi ammettere e non volevo scatenare un uragano.

Non è facile uscire ed entrare dalle relazioni, soprattutto quando inizi a odiare chi amavi e inizi ad amare chi nemmeno conoscevi. Il problema è che qualcosa ti lega persino a chi odi. Lo dicevano i latini, *odi et amo*. Per quello non è facile come uscire ed entrare dal supermercato. *Fun fact*: non ci sono porte automatiche in amore, devi fare tutto tu. E ricordiamoci che il contrario dell'amore è l'indifferenza, non l'odio. L'odio ti tiene ancora legato. Per questo non riuscivo a far altro che rimanere accanto a Sara e continuare a tradirla. Era bello quello che stavo facendo? Assolutamente no, ma quando sei chiuso in una stanza che brucia, anche un salto nel vuoto può diventare una via di fuga.

* * *

Giulia e io avevamo iniziato a frequentarci segretamente da un po', quando accadde l'inevitabile.

Come dopo ogni temporale, arrivò un silenzio improvviso. Giulia partì per Firenze, senza dirmi né con chi né perché. Lo trovai strano, ma quel weekend dovevo andare a Rapallo da mia madre per il compleanno di Alice, quindi non ne feci un dramma. Lasciai stare, senza chiedere né insistere.

Il viaggio a Rapallo iniziò con un'aria di normalità. Passai a prendere mia sorella, saluti, baci, abbracci e partimmo. Guidavo in compagnia di un po' di musica, e lei canticchiava. Dopo aver superato il casello, Alice mi chiese: «Come sta Sara?»

«Tutto fantastico» risposi cercando di tagliare corto. Guardavo la strada che sfilava davanti a noi, mentre la mia testa continuava a far rumore, in un loop infinito di domande senza risposta. Alice riprovò a far partire la conversazione: «E lei dov'è in questi giorni?»

Risposi seguendo il filo dei miei pensieri: «In Toscana».

«A fare cosa?»

«Pilates. Aveva bisogno di rilassarsi.»

Mia sorella scoppiò a ridere.

«Che c'è?» le domandai, senza rendermi conto ancora della gaffe.

«Stiamo parlando della stessa persona, vero?» disse prendendomi in giro. «Perché non pensavo che Sara si rilassasse mai...»

«Ma no, certo. Questo weekend Sara è in Germania per lavoro...» Solo in quel momento realizzai quello che avevo detto. Mi pietrificai, poi balbettai: «Volevo dire... che avrebbe voluto scappare in Toscana...»

Non la convinsi. Quindi iniziò subito il terzo grado. Mia sorella non è facile da fregare. Mi sentii intrappolato, non potevo reggere per più di due ore di viaggio, così mi arresi.

«Ok… Devo raccontarti una cosa, Alice» dissi, sospirando profondamente. «Tanto prima o poi devo parlarne con qualcuno.»

Lei capì al volo che si trattava di una cosa importante. Abbassò la musica e mi guardò con attenzione, aspettando. «Vai avanti, sono tutta orecchie.»

Confessai tutto: di com'era iniziata, delle nostre fughe e del peso del senso di colpa. Ero un fiume in piena, e mentre parlavo sentivo la tensione sciogliersi lentamente. Per la prima volta da quando tutto era iniziato sentii le lacrime salirmi agli occhi. Solo, con mia sorella, potei finalmente lasciarmi andare a un pianto liberatorio. Capii solo in quel momento che avevo tenuto tutto dentro di me per troppo a lungo, stavo soffrendo e avevo bisogno di sfogarmi.

Alice mi ascoltò senza proferire parola.

«Non puoi continuare così, Marco» disse alla fine. «Devi prendere una decisione. Non puoi mentire a Sara e a te stesso per sempre…» La sua voce era ferma, ma c'era una nota di preoccupazione.

«Lo so» risposi, guardando la strada davanti a me «ma non è facile.»

Arrivammo a Rapallo per pranzo, con il mare che scintillava al sole e il mio cuore che si sentiva più leggero. Per qualche ora provai a far finta che le cose si sarebbero risolte da sé, anche se nella mia testa era partito un conto alla rovescia, e sapevo benissimo che di lì a poco avrei dovuto affrontare le conseguenze delle mie azioni.

Al rientro da Rapallo cercai di riprendere la mia solita routine, ma quella settimana cambiò tutto. Lunedì, martedì e mercoledì passarono veloci. Giovedì invece scoppiò la bomba.

La mattina iniziò con una colazione tranquilla. Sara sorseggiava il suo caffè, io cercavo di sembrare sereno. Dopo il solito battibecco, andai in università.

Era una giornata piena di appuntamenti e riunioni, ma continuavo a pensare a Giulia. Non l'avevo più vista né sentita da quando era andata in Toscana. Una chiamata, poi due... Niente.

Il pomeriggio, dopo il lavoro, decisi di andare a correre al parco. Avevo bisogno di schiarirmi un po' le idee. Temevo che quel silenzio da parte sua in realtà stesse parlando. Non è che forse vuole chiuderla qui? pensai.

Stavo facendo jogging con l'aria fresca che mi riempiva i polmoni e i pensieri che facevano lo stesso con la mia testa, quando sentii una notifica del cellulare. Un messaggio che mi fece gelare il sangue: «Dobbiamo parlare».

Mi fermai immediatamente, il cuore batteva all'impazzata, non solo per la corsa. Cosa voleva dire? Giulia voleva lasciarmi? Nemmeno stavamo insieme, ma l'idea che volesse chiudere quello che avevamo, qualunque cosa fosse, mi dispiaceva. Forse Davide aveva scoperto qualcosa? Preso dal panico, mi precipitai da lei.

Arrivai in un baleno e bussai alla porta col respiro ancora affannato. Giulia mi aprì con un'espressione seria. Notai subito la tensione nei suoi occhi.

Era molto elegante, come se si stesse preparando per un evento importante. L'appartamento era silenzioso e il peso della situazione si sentiva già nell'aria. Fece cenno di seguirla, invitandomi a entrare, e s'incamminò verso il bagno.

Chiusi la porta alle mie spalle e la seguii attraverso il soggiorno, osservando i suoi movimenti nervosi.

«Stai uscendo?» le chiesi.

«Devo andare a una cena di gala con Davide» rispose fredda,

mentre si passava il rossetto sulle labbra, ferma davanti allo specchio del bagno.

«Capisco.»

«No, Marco, tu non capisci.»

«Cosa non capisco?»

«Come mi sento!»

«Cosa c'è che non va, Giulia?»

«E me lo chiedi anche! Marco, io non ce la faccio più ad andare avanti così. Non riesco a reggere questa doppia relazione» disse con la voce tesa. Per la prima volta da quando ero arrivato mi stava guardando dritto negli occhi.

Mi sentii sprofondare.

Lei rimase in silenzio e poi si girò di nuovo verso lo specchio. Io, appoggiato alla porta del bagno, fissai il vuoto per qualche secondo, senza replicare. Poi presi un respiro e tirai fuori il coraggio di parlare. «Vuoi che smettiamo di... vederci?» le domandai tutto d'un fiato.

Giulia si girò subito verso di me e si avvicinò scuotendo la testa.

«No, no, che dici! Non è questo...»

«Allora che vuoi fare?»

«Be', mi sembra ovvio, no?» mi guardò perplessa. «Voglio lasciare Davide! Non ce la faccio più a vivere così.»

Rimasi paralizzato per qualche momento, come se una rotella nel mio cervello stesse girando a vuoto. Sentivo una combinazione di sollievo e terrore, e non capivo quale dei due sentimenti prevalesse.

«Giulia, aspetta. Ne sei proprio sicura? Non ci vuoi pensare qualche altro giorno?» dissi, sperando di guadagnare tempo.

Lei si spense immediatamente, come se si fosse aspettata tutto tranne che io reagissi in quel modo.

Fece un passo indietro verso lo specchio. «Qualche giorno? Che cosa devo aspettare?» mi chiese sfinita.

«Non lo so, forse abbiamo bisogno di ancora un po' di tempo per chiarirci le idee...»

«No, Marco, qui l'unico che ha bisogno di chiarirsi le idee sei tu. Io so benissimo che cosa voglio.»

Bene, ora sì che era furiosa. Rimasi in silenzio, cercando le parole giuste da dire. Ma quel silenzio fu la miccia che la fece esplodere.

«Marco, non ce la faccio più! Davide e io non parliamo più, non litighiamo più, non scopiamo nemmeno più. Perché dovrei dormire ancora nel suo letto?!» gridò.

«Lo so, anche per me è lo stesso con Sara!» la interruppi, cercando di calmarla.

Feci un passo verso di lei, ma Giulia arretrò.

«Come fai a non capirlo?» si sedette sul bordo della vasca, con le mani che tremavano leggermente.

«Capire cosa?»

«A me fa schifo persino l'idea che tu dorma con Sara. Io... Io mi sono innamorata di te!»

Mi piegai accanto a lei e cercai di abbracciarla, ma lei scoppiò a piangere e si allontanò.

«Fermati, Giulia. Sono io, sono qui. Cerca di calmarti» provai a dirle. Poi la strinsi forte e urlai fino a farmi scoppiare i polmoni. «E va bene! Va bene! Cosa vuoi che facciamo?»

«Qualsiasi cosa! Non lo so... Scappiamo a Marrakech! Tutto tranne che continuare così...» rispose, con la voce rotta dal pianto.

«Giulia, non possiamo semplicemente scappare dai nostri problemi!»

«Non lo stiamo già facendo, Marco?!» Ora anche lei stava gridando. «Io lascerò Davide! Se tu troverai il coraggio di fare lo stesso con Sara sarò felice di iniziare una nuova vita insieme a te. Altrimenti non sarò più l'amante di nessuno! Preferisco stare da sola!»

«Ora non sei lucida...»

«E invece sì, sono lucidissima. Io ho già deciso» disse con una fermezza che mi spiazzò. «E ora vattene, ti prego. Davide sta arrivando.»

Me ne andai senza riuscire a dire altro. Sentii la porta chiudersi alle mie spalle e persi un battito. Che cosa sarebbe successo? Giulia aveva intenzione di parlare con Davide quella sera stessa? Voleva fare il mio nome?

Il panico mi assalì. Sentii la gola stringersi e l'aria che mi mancava. Era arrivato il momento delle decisioni, della resa dei conti. Ma io non ero pronto. Non ero pronto a dire a Giulia che l'amavo, e forse non ero pronto a dire a Sara che non l'amavo più.

Restai tutta la sera ad aspettare sue notizie, ma non mi scrisse e nemmeno mi chiamò. Il silenzio era assordante, e ogni ora che passava aumentava la mia preoccupazione. Era quasi l'alba quando, dopo essermi girato e rigirato nel letto, mi alzai in silenzio e mi chiusi in bagno per chiamarla. Nessuna risposta.

«Giulia, tutto bene?» le scrissi di getto.

Visualizzò, ma di nuovo nessuna risposta.

La mattina seguente andai all'università come uno zombie: non avevo dormito, e la testa continuava a ronzare su un solo pensiero fisso. Poi, all'improvviso, mentre tenevo la lezione, vidi una sua chiamata persa sul telefono e senza pensarci due volte uscii di corsa dall'aula.

Feci un respiro profondo e la richiamai.

Rispose in lacrime. «È successo un casino. Abbiamo litigato tutta la notte e mi ha cacciata di casa...»

«Dove sei ora?» chiesi, andando dritto al punto.

Le sue parole uscivano veloci, piene di paura e disperazione.

«Non muoverti, arrivo subito.»

Le mie attenzioni sono un regalo speciale,
un menu alla carta solo per te.
Ma se tu mi offri un buffet aperto a chiunque,
allora non ho più fame.
Né delle tue attenzioni, né di te.

Lezione numero nove

MENTRE infilavo la chiave nella serratura sentii un nodo in gola, come un macigno che pian piano mi stava soffocando.

Cercai di prendere fiato, strofinandomi nervosamente il collo.

La serratura scattò, aprii la porta. Appena varcata la soglia di casa, mi trovai di fronte a Sara.

Sussultai, come se mi avesse attraversato un fulmine. In quel momento mi tornò in mente ciò che diceva sempre mia madre quando io e Alice eravamo piccoli: tutti i nodi vengono al pettine. L'avete già sentita?

Ho sempre trovato questa frase tanto affascinante quanto evocativa, e ogni volta che ci rifletto mi sembra di fare un viaggio indietro nel tempo, a un'epoca in cui la cura dei capelli era un rituale paziente e meticoloso. Mi immagino una dama in un castello, con maniche a sbuffo e lunghissime chiome. All'apparenza i suoi boccoli sembrano meravigliosi, ma quando arriva il momento di acconciarla, il pettine scivola tra le ciocche e si ferma sui nodi nascosti.

È il momento della verità: i nodi si rivelano, richiedendo

attenzione e risoluzione. È inevitabile, così come è inevitabile affrontare le conseguenze delle proprie azioni.

E lì, fermo immobile davanti a Sara, mi resi conto che era arrivato il momento di affrontare le conseguenze di ciò che avevo fatto, con la stessa pazienza e dedizione con cui le donne di altri tempi pettinavano i loro capelli intricati. Sentivo la testa rimbombarmi di pensieri, era come se l'universo intero in quel momento mi stesse suggerendo ciò che era giusto fare. Ma si trattava davvero dell'universo? No, ero io.

Io che, senza sapere perché, stavo chiedendo a me stesso di fare ciò che andava fatto. Avevo nascosto la verità per troppo tempo, e finalmente ogni singola cellula del mio corpo e del mio cuore era stanca di mentire.

Sara si voltò di scatto e attraversò rapidamente la stanza, dandomi le spalle. Poi si sedette in cucina, fissandomi con uno sguardo che diceva chiaramente: ti stavo aspettando.

Il sole filtrava attraverso le tende semiaperte, creando ombre sottili sulle pareti, mentre lei si versava un bicchiere di vino. Deglutii, cercando di cacciare via l'incertezza, e camminai verso di lei, un passo dopo l'altro. Più mi avvicinavo, più sentivo tra noi un silenzio così assordante che sembrava urlare.

«Che cosa sta succedendo?» mi chiese, con un piglio deciso.

Sedetti accanto a lei, mentre il cuore mi martellava furioso nel petto. Feci un lungo sospiro, come se volessi liberarmi di tutto il peso che portavo dentro. Poi fissai i miei occhi nei suoi, e capii che anche lei ne era consapevole: la conversazione che stavamo per affrontare avrebbe cambiato tutto.

Effettivamente quello fu l'inizio. L'inizio della fine, ma pur sempre un inizio.

«Sara, dobbiamo parlare» cominciai, con un tono che tradiva la mia agitazione.

Lei non distolse lo sguardo nemmeno per un secondo. Riuscivo a vedere la battaglia interiore che stava affrontando. «Parlare di cosa, Marco? Di tutte le bugie che mi stai raccontando?»

Annuii, cercando le parole giuste. Sara bevve un sorso di vino, poi posò il bicchiere sul tavolo con un gesto rabbioso.

«Con tutti quei "poi ti spiego"... Ma cosa credi? Che sia stupida?»

Non risposi, quindi lei continuò, con gli occhi lucidi: «Ora non dormi nemmeno a casa. Non mi avvisi, non fai neanche la fatica di inventare una scusa. Cosa cazzo sta succedendo, Marco?»

«Hai ragione, Sara» la fermai, cercando di darle un momento per respirare. «Ma non sono stato l'unico tra noi a raccontare bugie.»

«Non capisco di cosa tu stia parlando» disse, incrociando le braccia sul petto, come per prepararsi a una tempesta. Era pronta a esplodere da un momento all'altro. D'altronde non mi aspettavo niente di diverso: sapevo che avrebbe lottato, è sempre stata una donna forte.

Il fatto è che in una relazione non si può essere sempre la persona forte. Al contrario, ci sono giorni in cui devi essere vulnerabile e lasciarti andare alla tempesta, come quegli alberi che si piegano al vento e sopravvivono, mentre tutto intorno a loro si spezza.

La guardai e sentii di nuovo quel nodo alla gola che mi toglieva il respiro.

Serve davvero un grande coraggio per dire a chi hai amato una verità che sai lo farà soffrire. A volte per trovare quel coraggio ci vuole un'eternità. Eppure va fatto, perché aspettare non farà che aumentare il dolore per entrambi.

Mi concentrai su quei pochi secondi di spudorato coraggio che mi sarebbero serviti e mi tuffai a occhi chiusi in quel confronto che avevo evitato per mesi.

«Ho bisogno di dirti tutto, Sara» iniziai. «Della mail di Davide che ho trovato sul tuo portatile, dei sospetti che mi hanno dilaniato per mesi e del motivo per cui ho chiesto aiuto a Giulia.»

L'espressione di Sara si fece improvvisamente sorpresa, come se non avesse ben capito il punto. Rimase in silenzio, aspettando che continuassi.

«Non è stato facile per me» proseguii «ma ho bisogno di essere onesto con te. Perché meriti la verità, per quanto dolorosa possa essere. Per entrambi.»

Avevo finalmente tirato fuori il pettine e trovato il coraggio di affrontare i nodi che c'erano tra noi.

L'espressione di Sara si fece ancora più scura. Non l'avevo mai vista così arrabbiata, e ne aveva tutte le ragioni.

La sera prima ero sparito senza più farmi sentire, lasciando Sara sola e sommersa dai dubbi. Certo, non era la prima volta in quel periodo che facevo il vago sui miei impegni, ma era la prima volta che dormivo fuori casa senza darle una spiegazione. Avete presente quei giorni che iniziano tranquilli e poi diventano un disastro di proporzioni epiche? Ecco, le ultime ore erano state un vortice di emozioni e decisioni difficili.

Ero corso via dall'università per raggiungere Giulia, che aveva confessato a Davide di amare un'altra persona. Lui, in preda alla rabbia, l'aveva cacciata di casa, senza darle il tempo di portare qualcosa con sé o di cercare una sistemazione.

Tutto sembrava crollarmi sotto i piedi. Preso dal panico, ero saltato su un taxi e avevo chiamato Alice per chiederle un consiglio. Lei mi aveva suggerito di ospitare Giulia nella mia vecchia casa sui Navigli, che in quei giorni era sfitta, e aveva anche insistito affinché corressi a parlare con Sara. Secondo lei dovevo prendere una decisione definitiva e, per quanto mi spaventasse l'idea di essere cacciato a mia volta, sapevo che aveva ragione.

«Non comportarti da vigliacco» mi aveva detto. «Sono le scelte che non fai a determinare l'uomo che sei.»

«Cosa significa, Ali?»

«Che non puoi semplicemente aspettare che le cose ti accadano. Sei tu che devi farle accadere.» Aveva fatto una pausa, poi aveva aggiunto: «Anche papà aveva un'altra donna. Lo sapevi questo, vero?»

«No, non lo sapevo...»

«Mamma l'ha scoperto prima che lui glielo dicesse. È stata lei a scegliere per entrambi. Non l'ha mai più voluto vedere.»

«Come la sai questa cosa? Perché nessuno me ne ha mai parlato?» Poi rimasi zitto, schiacciato dal peso di quelle parole.

«Marco, il punto adesso è un altro: trova il coraggio di scegliere, o le perderai entrambe» aveva concluso Alice prima di riattaccare.

Così avevo raggiunto Giulia in un bar. Era fuori di sé, non riusciva ad accettare che Davide l'avesse sbattuta fuori da una casa che apparteneva a entrambi. Avevo cercato di calmarla, proponendole di aspettare il giorno seguente, quando Davide sarebbe partito per l'ennesimo viaggio di lavoro, e andare insieme a recuperare le sue cose. Nel frattempo lei si sarebbe sistemata nell'appartamento sui Navigli, almeno per qualche giorno. Giulia aveva annuito, ormai sfinita dalla situazione, e io ero corso a casa a prendere le chiavi.

Lì avevo incrociato Sara.

«Dove corri?» mi aveva chiesto, guardandomi con sospetto, mentre rovistavo in un cassetto.

«A risolvere una questione di lavoro. Poi ti spiego tutto» avevo risposto con freddezza, infilandomi le chiavi in tasca con un gesto fulmineo.

«A che ora torni?»

«Tardi. Non mi aspettare.»

Dopo quella risposta lapidaria mi ero chiuso la porta alle spalle, senza pensarci due volte. Sapevo che stavamo arrivando alla resa dei conti, ma forse era proprio quello che una parte di me voleva: farle capire che stava arrivando una tempesta.

Provavo un misto di rabbia e rancore nei suoi confronti. Era come se volessi darle la colpa per tutto quello che era successo. Avevo cenato con Giulia nella mia vecchia casa. Era strano, quasi non riconoscevo più quel luogo che amavo tanto, ma la nostalgia era durata poco: tutte le mie energie erano concentrate su Giulia. Aveva pianto molto, ma ero riuscito a tranquillizzarla e a farle capire che poteva contare su di me. Poi avevamo passato la notte abbracciati, sprofondando sul divano per la stanchezza.

Mi ero svegliato stropicciato, spossato. Mi sentivo come intrappolato in un incubo da cui non riuscivo a svegliarmi. Durante la notte Sara mi aveva chiamato diverse volte. Evidentemente anche lei non aveva dormito bene.

«Oggi parlo con Sara» avevo detto, mentre prendevo un caffè con Giulia.

«Voglio contattare un'agenzia immobiliare e iniziare a cercare un nuovo appartamento» mi aveva risposto lei, come se non volesse ascoltare quello che avevo da dirle. C'era qualcosa nel tono della sua voce, una determinazione che non le avevo mai sentito prima e che mi aveva fatto capire che, indipendentemente da me, era pronta ad affrontare tutto a testa alta.

«Aspettami, facciamolo insieme» avevo detto, quasi in modo automatico.

«Non posso aspettarti per sempre. Lo sai, vero?»

«Dammi solo qualche ora per sistemare le cose con lei.»

Giulia aveva annuito e poi, fissandomi dritto negli occhi, aveva aggiunto: «Non voglio forzare le cose. Fai quello che ti senti, quello che è giusto per te».

«Giulia, so esattamente cosa fare.»

Lo avevo detto senza crederci davvero, cercando di nascondere la disperazione nella mia voce.

Poi l'avevo lasciata in cucina, immersa nei suoi pensieri, e con il cuore pesante mi ero incamminato verso la mia auto. E così mi ritrovai a passare da una cucina all'altra, dallo sguardo deciso di Giulia a quello furioso di Sara. Era il momento della verità e, anche se quindici secondi di spudorato coraggio non erano sufficienti per affrontare quella conversazione, me li feci bastare.

Hai mai deluso qualcuno che,
nonostante tutto, continua a volerti bene
e ad augurarti il meglio?
Ecco, se ti è successo
sappi che hai perso la tua più grande fortuna.

Sara se ne stava di fronte a me, con il viso teso e le braccia incrociate.

Forse per sentirmi meno in colpa, o forse per giustificare ciò che era accaduto, iniziai proprio da quella mail e dalla sua bugia. Una parte di me era ancora convinta che il vaso di Pandora l'avesse aperto lei.

«Sara, ho letto la mail di Davide. Non l'ho fatto apposta, è successo e basta!»

«Cosa significa che non l'hai fatto apposta? Da quando ti sei messo a controllare le mie mail?»

«Non ho controllato le tue mail, non lo farei mai. La mattina che mi hai chiesto di mandarti quel file dal tuo computer mi ci è cascato l'occhio. Ma non la prenderesti così se non avessi qualcosa da nascondere!»

«Non ho niente da nascondere, e lo sai.»

«No che non lo so. Cosa cazzo vuol dire che forse le cose vi sono sfuggite di mano?»

Sputai fuori quelle parole con rabbia, cercando di sciogliere il groviglio di bugie che ci avvolgeva. Ma per sciogliere un nodo bisogna partire da uno dei due capi, e se il nodo è in gola, possiamo cominciare solo da ciò che teniamo dentro il cuore.

«Marco, tra me e Davide non c'è stato niente.»

«Perché allora, quando ti ho chiesto di invitarlo a quella maledetta festa, mi hai detto che non lo vedevi da mesi? Perché mi hai mentito?»

Sara non rispose, non subito almeno. Sostenni il suo sguardo, in attesa della verità. Lei sospirò, poi iniziò finalmente a parlare: «È vero, ci siamo incontrati una sera a Boston durante un viaggio di lavoro. E sì, è vero, avrei dovuto dirtelo. Scusami se ti ho mentito. Ma se non te ne ho parlato è solo perché non è successo nulla. Nulla che abbia importanza per me e per noi».

«Se permetti, questo lascialo decidere a me» replicai infastidito, e poi affondai: «Allora, ci sei andata a letto o no?»

«Oh, ma che persona credi che sia! Certo che no!» urlò.

Sembrava offesa, molto più triste che arrabbiata. Rimasi in silenzio per un attimo e lei proseguì: «Abbiamo passato una serata molto piacevole insieme, e l'atmosfera si è fatta più intima di quello che avrebbe dovuto. Davide si è avvicinato un po' troppo, ma io l'ho fermato subito. Non è successo niente. Sono andata via».

«E perché dovrei crederti?»

«Perché mi conosci!»

La guardai fisso, come se cercassi di cogliere la verità solo dai suoi occhi.

«Vuoi delle prove? È questo che vuoi?» mi incalzò lei, con una nota di sarcasmo nella voce. «Stiamo insieme da anni, viviamo insieme, e non ti fidi di me?»

All'improvviso mi sentii un cretino. Era una prova quella che volevo? No, certo che no. Non sarebbe cambiato niente tra me e Sara. I problemi erano ben altri. Lo erano da sempre.

«Se è una prova che vuoi, va bene, posso dartela. Chiedo a Camilla di trovare il biglietto del volo che mi ha riportato a New York quella sera stessa» disse, risvegliandomi dai miei pensieri. «Credi che se avessi voluto passare la notte con Davide sarei scappata da Boston dopo un paio d'ore?»

Sentii la testa che mi girava. Capii che tutti i dubbi su quella mail si sarebbero sciolti. Eppure non ero felice. Al contrario, lentamente prendevo consapevolezza di qualcosa che in fondo al mio cuore avevo sempre saputo: il presunto tradimento di Sara era stato solo la miccia che aveva fatto esplodere la nostra relazione. Ma la polvere da sparo era da tempo sparsa ovunque.

«Perché non me ne hai parlato, Marco?» mi chiese lei.

A quel punto la verità divenne un fiume in piena: «Non lo so, Sara. Forse perché non c'eri mai!»

Le dissi che la bugia era stata soltanto l'inizio, poi c'erano state le sue assenze, i vuoti, gli ultimi due anniversari mancati. Mi ero sentito solo, e per questo avevo cercato Giulia. Ma ogni volta che tentavo di confessare quello che era successo con lei, Sara sviava e tornava sul suo presunto tradimento, come se non volesse ascoltare altro.

Non riuscivamo a parlare, ognuno sopraffatto dal proprio dolore e dalla propria rabbia. Gridavamo e ci rincorrevamo per le stanze fino allo sfinimento, come due pugili sul ring. Poi prendevamo una pausa, non tanto per riflettere ma giusto per recuperare fiato, e di nuovo tornavamo a gridare. Sembrava di essere in un incontro di boxe. Ma esiste un modo diverso di litigare?

Sì, per litigare bene ci vogliono attenzione e rispetto. Poi dobbiamo capire che lo scopo non è farsi male, ma comprendersi. Per questo, prima di cominciare, bisogna togliersi i guantoni e passare dal ring a un campo da tennis. A quel punto si gioca la partita: ogni colpo deve essere ben calibrato, con l'obiettivo di farsi capire e non di mandare l'altro fuori campo. Non possiamo lanciare accuse senza nemmeno sapere cosa c'è dall'altra parte della rete. Ogni parola conta e, anche se la partita è ormai persa, la sportività non deve mai mancare.

La rabbia e il risentimento sono come buche in mezzo al campo: peggiorano solo le cose. Bisogna avere il coraggio di seguire le regole, perché altrimenti la partita non vale la pena di essere giocata. Quella era la nuova lezione sull'amore che stavo imparando: nella vita, come nel tennis, senza palle non si gioca.

Ma proprio quando sembrava che la tempesta non dovesse finire mai, qualcosa dentro di noi si ruppe. Forse ci eravamo spinti troppo oltre, e senza saperlo stavamo solo aspettando che arrivasse il momento in cui le parole non potevano più essere rimandate. Lo scontro divenne una resa. Di entrambi.

Avevamo passato ore a scannarci su quella mail, e nel momento più brutale, in cui io le confessavo di come l'avevo tradita con Giulia, eravamo seduti nel nostro terrazzo, in lacrime. Sara sembrava rassegnata, come se sapesse tutto ma non volesse sentirlo. Piangevamo entrambi, sentendo la nostra storia scivolarci via tra le dita. Parlavo in fretta, quasi volessi strappare via il cerotto di colpo per evitare di infliggerle ulteriore dolore. Le dissi che con Giulia non si trattava solo di sesso, ma c'era molto di più. Provavo qualcosa per lei, qualcosa di importante. Sara mi sorprese: invece di esplodere, restò in silenzio, ascoltando tutto fino alla fine. Finché non ebbi più niente da dirle.

A quel punto si alzò ed entrò in casa, per poi riemergere in terrazzo con un pacchetto di sigarette, che chissà dove aveva nascosto, e un'altra bottiglia di vino.

Versò due bicchieri e si accese una sigaretta, mi accorsi che nel frattempo il cielo era diventato buio.

«Da quando fumi?» le chiesi sorpreso.

Fece un tiro lungo e calmo. Aveva altro in mente. «Che hai intenzione di fare, adesso?» disse guardandomi dritto negli occhi.

Ormai non avevo più nulla da nascondere, e sapevo che Sara mi avrebbe chiesto di portare via le mie cose.

«Credo che me ne andrò. Magari scapperò in Marocco per qualche settimana, giusto per chiarirmi le idee.»

«Da solo o con lei?»

«Che differenza fa?»

«C'è sempre qualcosa che può fare la differenza.»

«Probabilmente con lei.»

Una lacrima le rigò il viso, ma l'asciugò subito. Si avvicinò a me, potevo sentire l'odore del vino mischiarsi con il fumo della sigaretta. Mi guardò negli occhi, e mi disse con un tono determinato e implorante al tempo stesso: «Sono pronta a dimenticare tutto, anche la tua relazione con Giulia, se solo tu lo vorrai».

Stava cercando di capire se poteva esserci una possibilità di salvezza per il nostro rapporto. Ma dentro di me sapevo che le parole non sarebbero mai bastate a cancellare quello che era successo.

Sospirò, passandosi una mano tra i capelli, con gli occhi che tradivano una profonda tristezza. «Non è scontato che io resti sempre così, Marco. Che resti sempre qui.»

«Le parole non mi bastano più, Sara...»

«Sto cercando di trovare una soluzione. È difficile, lo so, ma insieme possiamo superarlo.»

Provò a prendere la mia mano, ma io la ritrassi.

«È da tempo che non c'è più nessun noi…» mormorai.

Scosse la testa, lo sguardo fisso sul bicchiere di vino che teneva in mano. «So che la situazione è difficile, che non basta dormirci su e sperare che tutto si risolva. Però possiamo provarci, no?»

La Sara forte e determinata, che mi sfidava con lo sguardo furioso e le braccia conserte, sembrava svanita. In quel momento era fragile, confusa e vulnerabile. Cercai di essere più chiaro possibile: «Ci abbiamo provato e riprovato. Ora dobbiamo mettere un punto. Tu e io non vogliamo più le stesse cose».

Rimase immobile con le lacrime che le riempivano gli occhi, poi sussurrò: «Possiamo mettere un punto e ricominciare da capo».

Per un attimo riuscii a percepire il suo dolore. Una parte di me voleva abbracciarla, rassicurarla e proteggerla da tutta quella sofferenza. Ma un'altra parte era quasi soddisfatta: dopo tanto tempo in cui avevo soffocato la mia delusione e la mia amarezza, finalmente anche lei stava soffrendo. E mi sentivo ancora più in colpa.

«Sai cosa si fa quando un treno giunge al capolinea? Si scende.»

Il suo sguardo si fece più intenso, quasi disperato. «E se rimanessimo sul nostro treno ancora un po'? Magari poi riparte, torna al punto di partenza e ci fa di nuovo essere felici come lo siamo stati in passato.»

Abbassai lo sguardo: «No, da un treno al capolinea si può solo scendere, altrimenti restiamo fermi su un binario morto, mentre tutti gli altri treni intorno a noi si muovono».

«E se questo significasse perderci per sempre?»

«Sara, fermati qui, ti prego.»

Ma lei non aveva alcuna intenzione di arrendersi. Chiuse gli occhi per un istante, come per raccogliere le forze, e disse tutto d'un fiato: «Resta con me».

«Non è così semplice, le ferite sono ancora aperte. E c'è un'altra persona, adesso.»

Con un gesto istintivo le presi la mano che poco prima lei mi aveva offerto. Restammo così per qualche istante, mano nella mano. Poi mi scostai per versarmi un bicchiere di vino, e quel gesto spezzò l'incantesimo.

«La ami?» mi chiese Sara a bruciapelo. Quella domanda mi colpì come un proiettile al cuore. Era l'unica domanda a cui non ero pronto a rispondere.

«Non lo so, ma di sicuro so che non amo più noi.»

Lei abbassò lo sguardo. «Ci sarà qualcosa che posso fare, Marco. Se me lo chiedi, posso lasciare tutto…»

«Non potrei mai chiedertelo. Tu non vuoi e non devi cambiare per me. Devi solo accettare che questo è un addio. Un addio che ci farà male, perché ci strapperà lentamente tutto ciò che siamo stati.»

Lei si asciugò le lacrime con il dorso della mano, poi si versò un altro bicchiere di vino.

Ormai era sera. Avevamo trascorso la giornata a discutere, a litigare, a piangere. La luce soffusa del lampadario sembrava essere l'unica rimasta a illuminarci in tutta la città. C'era così tanto silenzio che il rumore del vino che riempiva il bicchiere ci sembrò riecheggiare in tutto il terrazzo.

«Ho bisogno di bere qualcosa di più forte…»

«Sara, credo che possa bastare anche così, no?»

«Tu non mi basti mai, professore.»

«Vorrei che fosse vero. Ma lo sai meglio di me che non è così. Tu hai le tue passioni, il tuo lavoro.»

«È così anche per te, o sbaglio?»

«Forse all'inizio, poi però ho capito che volevo altro, una

famiglia, dei figli. Sono cambiato, ma sono cambiato da solo, tu non l'hai fatto insieme a me.»

«Sono le stesse cose che voglio io» replicò, senza convinzione.

«Sara! Non ci credi nemmeno tu a quello che hai appena detto!»

Ricominciò a piangere, senza rispondere. Cercai di alzarmi, ma lei mi trattenne prendendomi di nuovo la mano.

«È ora che io vada.»

Sara si alzò, fece un passo verso di me e senza dire più nulla mi abbracciò. Non mi mossi neanche di un millimetro, rimasi fermo nel suo abbraccio a lungo, come se stessi cercando di aggrapparmi all'ultima briciola di noi, o almeno di ciò che una volta eravamo.

Passammo tutta la notte insieme, senza dormire neanche un minuto.

Solo quando l'alba iniziò a tingere il cielo Sara finalmente si addormentò, con gli occhi gonfi per il pianto. Romeo era di fianco a lei, accoccolato. E mentre mettevo gli ultimi anni della mia vita in una borsa piansi. Piansi come non avevo mai fatto prima.

Poi, con quella valigia stretta in mano, me ne andai senza svegliarla.

Ora fate attenzione, perché la parola «accettare» viene spesso fraintesa. C'è chi la considera un sinonimo di sconfitta, chi invece si vergogna solamente a pronunciarla. Ma voglio essere chiaro su questo: per me accettare ciò che è accaduto non significa tollerare passivamente tutto, ma riconoscere la realtà e le conseguenze degli eventi. Questo è il primo passo per cambiare il nostro modo di relazionarci con l'esperienza. Ed è una lezione da non dimenticare mai: accettare non significa subire, ma riconoscere per trasformare. Sara e io stavamo imparando, anche se in ritardo. Stranamente, in amore, l'accettazione unisce più che mai e, per quanto mi sembrasse paradossale, nel momento in cui ci stavamo allontanando, eravamo più vicini di quanto non fossimo stati da anni.

Arrivai sui Navigli. Lì dove il cuore, o forse la testa, mi aveva detto di tornare. Salii le scale di corsa, sentivo il bisogno di raccontare a Giulia com'era andata. Ma quando entrai in casa mi resi conto che lei non c'era più.

Mi aveva lasciato un biglietto: «Grazie di tutto. Nei prossimi giorni starò a casa di un'amica. Non voglio crearti problemi. Devo cercare un appartamento e iniziare una nuova vita con la speranza che un giorno, forse, avrai il coraggio di farne parte».

Provai a chiamarla, ma il telefono squillò a vuoto.

Le persone non sono chiavi smarrite.
Se non si fanno trovare è perché non vogliono.
Hanno deciso di *chiudere* quella porta
e ne sono consapevoli.
Allora non le hai perse:
sono loro che hanno scelto di buttare via la chiave.
E perdere te.

Lezione numero dieci

Non c'è niente di più avvilente di un rapporto che si esaurisce nella fatidica frase: «Con tutto quello che ho fatto per te».

Non l'ho mai capita davvero fino a quando non mi sono ritrovato con Giulia a Marrakech. In quei giorni eravamo immersi in un tentativo disperato di ricostruire qualcosa che forse era già andato in pezzi. Era passata quasi una settimana da quando eravamo arrivati. Avevamo passeggiato per le strade strette, tra mercanti e turisti, con i piedi leggeri ma il cuore pesante, cercando risposte che forse non avremmo mai trovato, o per lo meno non avremmo trovato finché non le avessi confessato la mia verità.

E quella mattina avevo deciso di dirle tutto, sicuro che mi avrebbe odiato. Dopo aver passato la notte insonne sul terrazzo, alle prime luci dell'alba finalmente attraversai la porta che mi separava da lei.

Giulia si era appena svegliata. «Eccoti! Dov'eri finito?» bisbigliò ancora a letto, languidamente distesa tra le lenzuola.

Io risposi con quelle tre schifose parole che sarebbero state l'ennesimo inizio della fine: «Ti devo parlare».

Giulia si tirò su, raccolse i suoi riccioli con un elastico e rimase in attesa. Io esitai, quindi fu lei a domandare: «Che cosa succede?»

«C'è qualcosa che devo dirti, qualcosa che in questi giorni ti ho tenuto nascosto.»

Il sonno che le dipingeva il viso sembrava svanito all'istante.

«Vieni, parliamone davanti alla colazione» dissi prendendo tempo e dirigendomi verso la stanza dove Mustafa ci serviva il tè alla menta. Era un accogliente salottino davanti alla camera, sul ballatoio interno che percorreva tutta la facciata.

Ci sedemmo a un tavolo dove erano stati già portati del pane appena sfornato e piatti deliziosi come *msemen* ripieni, *beghrir*, confetture, miele e frutta fresca.

Giulia soffiò sulla sua tazza guardandosi nervosamente intorno. Quando si agitava faceva fatica a sostenere lo sguardo.

Provai a riprendere il discorso: «Questi giorni sono stati meravigliosi...»

«Perché, ora invece non lo saranno più?»

«Ascoltami Giulia, ho fatto una cosa che non avrei dovuto fare...» fu tutto quello che riuscii a dire.

Lei stava giustamente perdendo la pazienza. «Marco, non farti tirare fuori le parole di bocca.»

«Sara mi ha chiamato diverse volte, in questi giorni. Voleva parlarmi, ma io non le ho risposto.»

«Perché voleva parlarti, scusa?! Cosa avete ancora da dirvi?»

«Il fatto è che, prima di partire, le ho chiesto una cosa...» Continuavo a esitare.

Giulia mi guardò fisso e non mi lasciò il tempo di andare avanti: «Cosa le hai chiesto?»

«Le ho chiesto di chiarire una cosa.»

Avevo gli occhi lucidi, mentre capivo che tutto stava finendo, di nuovo. A volte i momenti migliori e i momenti peggiori della nostra vita possono coincidere. Questo è il paradosso degli addii. Ma se volevo imparare dai miei errori non potevo più permettere che le cose importanti rimanessero nascoste sotto il tappeto.

Sapevo che avrei dovuto confessarle la verità molto prima. Avrei dovuto dirle tutto quel maledetto giorno in cui, dopo aver lasciato Sara, ero corso a cercarla. In quel momento avevo mille dubbi per la testa, ma di una cosa ero sicuro: volevo Giulia nella mia vita.

Avendo trovato l'appartamento sui Navigli vuoto, però, ero stato assalito dalla paura di aver rovinato tutto. Così avevo afferrato il bigliettino che mi aveva lasciato e mi ero catapultato nell'unico posto in cui speravo di trovarla. Mentre correvo a casa sua in taxi, avevo comprato due voli per il Marocco. Poi, una volta arrivato, mi sono attaccato al citofono. Temevo che mi rispondesse Davide, ma fortunatamente c'era solo Giulia.

Salendo in ascensore avevo riletto il suo bigliettino: «Iniziare una nuova vita con la speranza che un giorno, forse, avrai il coraggio di farne parte».

Era come se stessi cercando in quelle parole la carica per affrontarla. Sapevo di non essere lucido, ma ero sicuro di non volerla perdere.

Giulia era sola in casa, circondata da scatoloni.

«Hai parlato con lei?» mi aveva chiesto, con la voce tremante, senza neanche darmi il tempo di entrare.

«Sì, le ho detto tutto. E ora…» Stavo cercando di mantenere la calma, eppure rivederla dopo quello che era successo con Sara rendeva i miei nervi tesi come corde di violino.

I nostri sguardi si erano incrociati per un istante, poi lei era venuta verso di me.

«E ora?»

«E ora... sono qui!»

«Sei venuto per restare?» la sua voce era quasi un sussurro, pieno di incertezza.

«Sono venuto perché voglio te. Può bastarti?»

«Non lo so...»

Senza dire una parola, dopo aver fatto un passo verso di lei e aver spazzato via quelle poche decine di centimetri che ancora ci separavano, l'avevo stretta in un abbraccio e baciata.

«Marco, davvero. Non lo so se mi basta...» Si era staccata leggermente per potermi parlare. «Perché sei qui?»

«Perché voglio stare con te, davvero. Tu no?»

«Certo, anch'io voglio stare con te...»

«Allora adesso facciamoci bastare questo, che non è poco.»

Si stava sforzando di sembrare felice.

«E tu dove dormirai stanotte?» mi aveva chiesto, quasi preoccupata.

«Ora ti do una mano a prendere le tue cose, le portiamo dalla tua amica e poi ancora per un paio di notti possiamo dormire insieme nel mio appartamento sui Navigli» avevo proposto, cercando di essere pratico.

«E poi?»

«E poi lì non possiamo restare. Devo ridare le chiavi ad Alice perché l'appartamento sarà in affitto per tre mesi. Ma tanto a noi non importa.»

«E perché a noi non importa?»

«Perché dopodomani partiamo per Marrakech e ci prendiamo una pausa. Io e te soli, ok?»

«Stai scherzando?» aveva chiesto Giulia, con un sorriso incerto che si faceva strada sul suo volto.

«No. Annulla tutte le lezioni della settimana prossima. Poco fa ho comprato due biglietti andata e ritorno e ho prenotato in un *riad* meraviglioso nel cuore della città. Ripartiamo da lì. Che dici, ti va?»

Giulia finalmente aveva sorriso, e i suoi occhi si erano illuminati.

«Ripartiamo da lì...» Poi con un sospiro aveva aggiunto: «Ma ti prego, Marco, non farmi innamorare se non è quello che vuoi davvero».

In quel momento mi ero reso conto di quanto fossero profondi i sentimenti che Giulia provava per me, così avevo cominciato a chiedermi cosa provassi davvero io, senza però riuscire a darmi una risposta.

Avevo annuito e l'avevo baciata sulla fronte, stringendola a me. Sembrava tutto perfetto, eppure avevo sentito qualcosa che non mi convinceva. Come se addentando una brioche alla crema avvertissi un retrogusto sgradevole, tanto amaro quanto inaspettato, che non avrebbe dovuto esserci.

Le due sere successive Giulia era restata con me nell'appartamento sui Navigli, poi finalmente era arrivato il giorno della partenza. Avevamo lasciato Milano con un bagaglio a mano e niente più.

Quella mattina ci sentivamo leggeri, ci tenevamo abbracciati e ridevamo come due ragazzini. Appena arrivati in aeroporto, Giulia era corsa in libreria per comprare una guida del Marocco e aveva iniziato a sfogliarla sognando a occhi aperti e facendo mille progetti per i giorni seguenti. Ci eravamo seduti al tavolino di un bar, a chiacchierare di tutte le cose che avremmo voluto fare insieme.

Sembravamo pronti a lasciarci il passato alle spalle, quando il mio telefono aveva iniziato a squillare. Una chiamata, poi due. Giulia stava tornando dal bancone con un cappuccino per lei e un caffè americano per me. Io mi ero incantato a fissare il telefono.

Errata corrige: ci sentivamo leggeri, finché Sara non aveva iniziato a farsi sentire.

«È lei, continua a chiamarmi...» avevo mormorato timidamente, come per giustificarmi.

«Lo vedo!» aveva detto Giulia, innervosita. «Perché non ci lascia in pace?»

«Non lo so» avevo risposto, mentendo. «Forse ha bisogno di parlarmi.»

Giulia non sembrava affatto convinta. «E tu?»

«Io che c'entro? Manco le rispondo...»

«Appunto. Non capisco perché fissi le sue chiamate senza risponderle.»

«Perché non so cosa rispondere» avevo ammesso, ed era la verità.

«È questo che è strano...»

«Dai, adesso non ho voglia di parlare né di lei né con lei. Dobbiamo andare avanti.»

Giulia aveva sospirato, incrociando le braccia. «E come pensi di farlo se la tua ex continua a chiamarti?»

«Questo è uno dei motivi per cui stiamo partendo! Per avere del tempo per noi.»

Lei aveva annuito, ma non so chi dei due fosse meno convinto.

Mentre ci avvicinavamo all'imbarco, non ero riuscito a resistere e avevo controllato al volo il telefono per vedere se Sara mi avesse chiamato di nuovo. Non lo aveva fatto, ma mi aveva lasciato un messaggio. Impossibile da dimenticare. In quel momento il bisogno di confessare tutto a Giulia era ancora più urgente, come se una nebbia che avevo davanti agli occhi stesse iniziando a dileguarsi.

Saliti sull'aereo, le nuvole fuori dal finestrino sembravano promettere una tregua dal caos. Ci tenevamo per mano. Avevo provato a chiacchierare con lei, ma Giulia rispondeva a monosillabi: non sembrava avere molta voglia di parlare. Così mi ero perso nei miei pensieri: complice quel fastidioso silenzio, avevo iniziato a rimuginare sulla notte trascorsa con Sara. Il nodo che mi stringeva lo stomaco si faceva sempre più stretto: come avrei potuto dirle tutto prima che la situazione precipitasse? Ve lo dico io... Serve Coraggio, con la C maiuscola.

E mi ci erano volute diverse notti insonni, del buon tè alla menta e qualche chiacchierata al chiaro di luna con un *concierge* marocchino per trovarlo.

Se torna,
non dimenticare come se n'è andato.

Ed ecco che finalmente Giulia e io ci eravamo trovati faccia a faccia davanti a quella colazione meravigliosa. «Basta, Marco! Dimmi cosa è successo. Cosa cazzo hai chiesto a Sara prima di partire?»

Era esasperata. Così tagliai corto e le allungai il telefono, con il messaggio di Sara aperto. «Ho provato a chiamarti, ma temo che il tuo cuore sia già lontano. So di aver sbagliato tante volte, ma questa sono io, con tutte le mie imperfezioni. Mi dispiace solo che tu non abbia avuto il coraggio di dirmi che non mi ami più. Forse una parte di te prova ancora qualcosa? Se non è così, lo capirò e non ti cercherò di nuovo. Altrimenti, se lo vorrai, io sarò qui ad aspettarti. Non per sempre. Perché, come hai detto tu, bisogna saper scendere dal treno quando è arrivato al capolinea.»

«E perché non le hai risposto?» Giulia aveva gli occhi lucidi.

Esitai.

«Marco, perché non le hai ancora risposto? La ami ancora?» mi incalzò lei, con la voce che le tremava.

«Non lo so...» risposi senza rendermene conto. Per quanto

mi facessero male, quelle parole mi uscirono dalla bocca tutte d'un fiato.

«Se non sai quello che provi per lei, sicuramente non sai nemmeno quello che provi per me, giusto?»

Provai a riprendere il filo del discorso, evitando di risponderle. «Giulia, ascoltami. Il giorno in cui me ne sono andato di casa, Sara mi ha detto che tra lei e Davide non c'è mai stato nulla.» Feci una pausa, aspettando una sua reazione. Ma lei tacque, quindi continuai: «Non me l'ha solo detto, era pronta a darmi delle prove».

«E chi se ne frega, Marco!» urlò. La rabbia aveva preso il sopravvento.

«Come chi se ne frega? Tutto è cominciato perché pensavamo che ci avessero tradito.»

«Marco, ho lasciato l'uomo con cui stavo da anni per te. E ora tu non sai dirmi se mi ami o no?! Forse mi interessa molto di più questo, non credi?»

Colpito e affondato.

Mi sentii pronunciare la frase più banale del mondo: «Non è come pensi...»

«Ah no? E com'è, allora? Illuminami, professore, ti prego!»

«Quella sera io e Sara abbiamo iniziato a discutere. Non sai quanto è stato doloroso. Poi le cose si sono complicate...»

«Ci sei andato a letto?» mi interruppe, alzandosi dalla sedia. Ormai era fuori di sé.

Esitai, ma lei insistette: «Ci sei andato a letto o no? Rispondimi!»

Non riuscii a dire neanche una parola, e in quel mio silenzio gli occhi le si riempirono di lacrime. Rimasi immobile come una statua di sale, mi sembrava di non respirare nemmeno.

Poi Giulia si sbatté la porta della camera alle spalle e urlò: «E non hai pensato di dirmelo prima di partire?! Ma vaffanculo, Marco!»

La seguii. Ora però la nostra stanza sembrava troppo piccola per contenere le emozioni di entrambi. Il soffitto era più basso, le pareti più vicine. Mi sentivo soffocare. Lei, con il viso rigato dalle lacrime e gli occhi pieni di rabbia, mi guardava come se fossi il colpevole di tutti i mali del mondo.

E aveva ragione, perché ero partito lasciando la verità altrove: a Milano, tra le labbra di Sara, la notte in cui avrei dovuto solamente dirle addio. Invece ero rimasto per quel bicchiere di vino. Forse, dopo tutti quegli anni in cui lentamente sentivo di averla persa, finalmente quella sera sentivo di averla ritrovata. Era stata una notte indimenticabile.

Mi era mancata così tanto... Forse all'inizio non volevo nemmeno accettarlo. Avevo cercato di rimuovere quello che era successo, di nasconderlo sotto il tappeto come avevo sempre fatto con tutti i nostri problemi. Ma questa volta non era possibile.

Continuavo a ripensare a noi e al perché non ero riuscito a dirle che non l'amavo. Non volevo più stare con lei, di questo ero sicuro. Eppure quella notte era bastato così poco per riaccendere i miei sentimenti e confondere tutto.

Sara e io eravamo su quel dannato terrazzo e continuavamo a ripeterci le stesse cose, senza che nessuno dei due però si interrompesse. Un disco rotto. Ma rotto da cosa?

Quando avevo provato ad alzarmi, lei mi aveva trattenuto prendendomi di nuovo la mano.

«È ora che io vada» avevo provato a insistere.

Sara si era alzata, aveva fatto un passo verso di me e senza più dire nulla mi aveva abbracciato. Io non mi ero mosso neanche di un millimetro, ero rimasto fermo nel suo abbraccio a lungo, come se stessi cercando di aggrapparmi all'ultima briciola di noi e di tutto ciò che una volta eravamo.

«Marco, per favore, se non mi ami più, vattene via, adesso» aveva sussurrato, mentre piangeva.

Mi ero allontanato di scatto, senza però smettere di tenere i miei occhi fissi nei suoi. Eravamo a pochi centimetri l'uno dalle labbra dell'altra.

«Se ora non dici niente, io conto fino a tre e ti bacio» mi aveva detto.

Sentivo il calore della sua voce entrare nella mia bocca. «Che senso ha, Sara?»

«Se non ha senso, fermami» aveva continuato. «Uno, du...»

Avevo preso il suo viso tra le mani e l'avevo baciata. Io? Sì, io.

L'avevo baciata ed era stato un bacio intenso, appassionato, come non ce ne davamo da anni. Muovevo la mia bocca contro la sua così forte che avevo paura di farle male. Ma non riuscivo a staccarmi.

Lei aveva iniziato a togliermi i vestiti di dosso, e pochi minuti dopo eravamo già nudi nel letto a spingerci oltre un limite che non avremmo dovuto superare. Avevamo fatto l'amore come non l'avevamo mai fatto, avvinghiati l'uno all'altra, guardandoci negli occhi.

Fu allora che ansimando, tra un sospiro e l'altro, mi scappò un: «Ti amo».

Lei aveva sorriso e mi aveva risposto: «Io di più».

Solo poco dopo mi resi conto di cosa fosse successo. Mi ero

allontanato, farfugliando che avevo detto quel che avevo detto solo per abitudine, ma entrambi sapevamo che non era del tutto vero.

Quella sera avevo capito come e soprattutto perché, a volte, due persone che si amano sono costrette a separarsi per andare avanti. Lo fanno per non odiarsi, per non affondare. Per non addossare sull'altro il peso del senso di colpa.

È così che avevo passato la mia ultima notte con Sara.

Potevo dire di non averla più sentita finché non mi aveva chiamato in aeroporto, sì; ma potevo dire di non aver pensato a lei? No, quello no.

La verità era che quel viaggio non era il mio modo per ricominciare, ma per scappare dai miei sentimenti per lei. Non volevo cascarci di nuovo.

Pensavo che bastasse volare via con Giulia per voltare pagina. Invece ci sono cose che hanno la capacità di toccarti anche se sono lontane migliaia di chilometri da te.

Dopo averle confessato la verità, Giulia ovviamente se ne voleva andare.

«Con tutto quello che ho fatto per te!» concluse mentre chiudeva la valigia. «Non posso credere che tu abbia avuto la faccia di merda per comportarti così!»

Dovevo accettare che con Giulia ci eravamo capiti solo per necessità, come due criminali alleati in una fuga disperata. Entrambi avevamo bisogno di scappare, ma non esattamente dalle stesse cose. E una volta evasi dalle nostre rispettive prigioni, dovevamo dividerci. Dividerci per disperdere le tracce e non scontare così la pena per il crimine commesso con il nostro tradimento. Ognuno per la propria strada.

«Perché cazzo non me l'hai detto prima?!» mi chiese ancora e ancora. «Perché hai aspettato fino a ora?»

«Giulia, non volevo ferirti» le risposi, mentendo più a me che a lei. «Pensavo di proteggerti, di proteggere noi…»

«Proteggermi?» rise, asciugandosi le lacrime con il dorso della mano. «Hai solo peggiorato le cose, Marco! Stavo con uno che forse mi tradiva, e l'ho lasciato per uno che di sicuro lo ha fatto!»

Ogni sua parola era una pugnalata. Avevo sbagliato, e ora ne stavamo pagando entrambi il prezzo. Lei uscì dalla camera, sbraitando contro di me.

Cercai di fermarla per l'ultima volta. «Giulia, aspetta, possiamo parlarne...»

«Voglio solo andarmene! Non posso sopportare di averti davanti agli occhi un minuto di più!» mi interruppe decisa.

Poi mi guardò un'ultima volta e se ne andò, sbattendo la porta dietro di sé.

Mi aveva ufficialmente e giustamente mandato a fare in culo per tornare a Milano da sola.

Io invece non avevo un posto dove tornare. Perciò non potevo far altro che restare a Marrakech, con il cuore spezzato ma in pace, finalmente.

Dovevo curare le mie ferite e riflettere sulle conseguenze delle mie azioni.

Respirai profondamente e tornai sul terrazzo dove avevo trascorso la mia notte insonne. Mustafa era lì che mi aspettava. Gli chiesi di portarmi il solito tè, e restai in silenzio.

Dopo un attimo lui arrivò con la teiera fumante e le tazzine.

«Grazie!» gli dissi, prendendo la tazza.

«Problemi di cuore, signor Marco?» chiese, con la solita curiosità.

«Sì, Mustafa. E sai una cosa?» Presi un sorso di tè, mentre lui aspettava che continuassi. «Sarebbe un mondo migliore se "Ti amo" e "Addio" si potessero dire una sola volta nella vita. E mai alla stessa persona.»

Hai mai dormito su un *cuscino* scomodo?
Solo allora ti rendi conto
di quanto fosse perfetto il tuo.
Ecco, la stessa cosa capita in amore:
ti accorgi del valore di ciò che hai perso
solo quando diventi *consapevole*
che non troverai mai più
niente di così bello.

L'ultima lezione

Quelli che seguirono l'addio di Giulia furono giorni complicati. Marrakech sembrava più triste, e io con lei. Ci vollero molte lacrime, un numero imbarazzante di bicchieri di vino – al punto che Mustafa iniziò a chiamarmi «l'europeo triste» – e una pila di libri così alta da far invidia alla biblioteca di Alessandria, per cercare di lasciarmi alle spalle tutto quel passato. Che poi, diciamocelo, si lascia mai davvero alle spalle il passato? Probabilmente no: al massimo lo riponiamo in uno scatolone in soffitta, sperando che la polvere dell'oblio faccia il suo lavoro.

Ironico, vero? Andare fino in Marocco per scoprire che non puoi fuggire da te stesso.

Fu in quei giorni di solitudine forzata che ricevetti una chiamata inaspettata. Da un numero sconosciuto. Probabilmente l'ennesimo call center, pensai, ma risposi comunque.

«Buongiorno, parlo con il professor Marco Boneri?» disse una voce femminile.

«Dipende. Se è per vendermi una nuova tariffa telefonica, temo di non essere interessato.»

La donna rise. «No, professore, sono la direttrice del dipartimento di filosofia dell'Università Ca' Foscari di Venezia. La chiamo perché vorremmo offrirle una cattedra.»

Rimasi in silenzio per qualche secondo. «Cos'è, uno scherzo?» chiesi quasi senza rendermene conto. Guardai l'orizzonte, i minareti delle moschee che si confondevano con il cielo. «Venezia, dice?»

«Sì, esatto. Sa, la città sull'acqua...» disse lei ironica.

«Sì certo, mi scusi... La ringrazio, sarei onorato.»

«Allora, la aspettiamo per parlarne di persona?»

«Direi proprio di sì» risposi di getto mentre pensavo che dopotutto la medina iniziava a starmi un po' stretta.

Riattaccai, ancora incredulo. Forse il destino aveva deciso di prendermi in giro, e io volevo stare al gioco. Come diceva Schopenhauer: «L'uomo può sì fare ciò che vuole, ma non può volere ciò che vuole».

Forse quella cattedra era ciò che avevo sempre voluto senza saperlo, e ora mi veniva offerta su un piatto d'argento. Accettare significava riscrivere la mia vita. Mettere un punto e ricominciare da capo.

Non persi tempo. Rientrato a Milano, accettai l'offerta e preparai le valigie in fretta. Non che avessi molto da portare via, comunque. Mi trasferii in pochi giorni, e mia sorella mi aiutò con il trasloco. Quando le raccontai di quello che avevo deciso, mi disse incredula: «Venezia, eh? Hai sempre avuto un certo stile nel complicarti le cose, ma questa volta finalmente l'hai fatto scegliendo quello che conta per te, e non per gli altri. Come ci si sente a riprendere il controllo, Marco?»

La mia vita cambiò radicalmente, e in effetti per la prima volta fui io a decidere di fare un salto così grande: dalle strade rumorose di Milano mi ritrovai a camminare nel silenzio delle calli di Venezia e a lavorare in un'università che sembrava dipinta, con un'atmosfera magica che la circondava.

Con il tempo quella scelta mi sembrò la migliore che avrei mai potuto fare. Insegnare a Ca' Foscari era un'esperienza unica. Le aule affacciate sui canali, l'architettura meravigliosa, l'odore della salsedine che entrava dalle finestre aperte… Ogni giorno era una fonte inesauribile di ispirazione.

Mi sentii così stimolato che decisi di trasformare quel mio terribile vissuto in un insegnamento sentimentale. Il corso accelerato sull'amore non nacque tanto dal desiderio di romanticismo, quanto dalla necessità di evitare gli stessi errori che avevo commesso in passato. Ogni lezione era un viaggio tra gli sbagli, i fallimenti e le incomprensioni che avevano plasmato la mia visione dell'amore.

Il passato? Un ricordo lontano, sfocato... o almeno così mi illudevo. Perché in realtà di tanto in tanto mi veniva a trovare, soprattutto all'inizio. Tutto quello che era successo con Giulia e Sara continuava a riemergere dai canali tortuosi della mia mente. Era soprattutto il ricordo di Sara a essere più fastidioso, come una gondola che non smette di urtare contro il molo. D'altronde era stata la donna più importante della mia vita, e questo non lo avrebbe potuto cancellare nemmeno il tempo.

Presi persino una gatta. La chiamai Duchessa, in onore del film che aveva ispirato a Sara il nome di Romeo.

Non so perché, forse cercavo una scusa per riaprire una porta. Così scrissi a Sara per raccontarglielo, ma quella fu l'unica volta che la sentii. Dopo quel messaggio mi resi conto che sentirla significava volere qualcosa di più. Non c'era via di mezzo con lei, mai. Se la sentivo, se leggevo anche solo una sua parola, il desiderio di vederla tornava con una violenza che mi colpiva in pieno. Così evitai. Non la cercai più. Di tanto in tanto mi sembrava di scorgerla passeggiare tra le calli, il suono dei suoi passi mescolato all'acqua che lambiva le fondamenta.

No, non poteva essere lei. Mi ripetevo che era un'allucinazione. Una fastidiosissima allucinazione. «È finita.» Continuavo a ripetermi quelle due parole, ogni giorno, ogni ora, ogni minuto. E in un attimo, come per magia, tutto quello che avevamo vissuto nella nostra relazione iniziava ad andare velocemente a ritroso nella mia mente, come per riavvolgere il nastro della vita fino al momento in cui eravamo l'uno per l'altra due semplici sconosciuti.

Purtroppo però, per quanto ci possiamo impegnare a riavvolgere giorni, mesi, anni, sentimenti e scelte, niente torna come prima dell'istante in cui due persone hanno incrociato lo sguardo per la prima volta.

Pensarci è strano, soprattutto dopo così tanto tempo, e ricordare il momento preciso in cui per la prima volta avevo tuffato i miei occhi in quelli di Sara era come una vertigine. Chi avrebbe immaginato che con quello sguardo la mia vita sarebbe cambiata per sempre?

Era successo tutto così in fretta. Mi sembrava ieri che ci scambiavamo i primi sorrisi, le prime battute un po' imbarazzate, finché qualcosa dentro di noi era esploso e i nostri mondi avevano iniziato inevitabilmente a precipitare l'uno addosso all'altro, con quella violenza che solo l'amore e le passioni più viscerali sanno avere. Non c'è scampo. Diventa tutto più forte di noi. Il tempo si ferma solo nella nostra testa, mentre fuori, nel mondo reale, i mesi passano veloci come secondi, e quella che era la tua vita ora è la vita che hai insieme a qualcun altro: non vuoi e non puoi più nemmeno immaginarla come «solo» tua.

È un effetto collaterale dell'amore.

A volte però possono esserci delle inversioni di rotta, e tutto inizia velocemente a orbitare nel senso opposto. Non vedi l'ora che quelle vostre vite simbiotiche di punto in bianco si separino. Ma possiamo farlo? No, sarebbe come chiedere a un pizzaiolo, che ha appena tirato fuori una napoli dal forno, di riportare tutto a com'era prima: le acciughe nel barattolo, la farina nel sacco, l'olio nella bottiglia, la mozzarella nel suo incarto, i pomodori nella cesta.

In amore succede proprio questo, quando due amanti si trovano davanti a quella frase: «È finita». Da quel momento provano a separare tutto quello che li ha uniti e a rimetterlo nei barattoli della loro vita. Separati. Ma nel farlo tutto rimane appiccicato e incollato ad altre cose che ormai si sono irreversibilmente mischiate.

Ed ecco che così mi ritrovai in quell'aula, nel cuore della laguna, a spiegare quanto fosse importante accettarlo: «Per quanto ci proviamo, non possiamo mai davvero tornare a quel punto. Pensateci. Una relazione, una volta finita, lascia segni che non possiamo cancellare. Proprio come cercare di riportare una pizza appena sfornata agli ingredienti originali. Non si può. Le acciughe restano fuori dal barattolo, la mozzarella non tornerà mai nel suo incarto».

«A me comunque la pizza con le acciughe non piace» scherzò uno studente dalla seconda fila.

Mi fermai, sorridendo, e continuai: «E qui entra in gioco Paul Dirac, un fisico e matematico. Lo conoscete? Diceva che due sistemi che interagiscono per un certo periodo non possono più essere considerati come due sistemi distinti. Diventano una cosa unica. Lo stesso accade per le relazioni. Non possiamo mai davvero separarci del tutto da chi abbiamo amato».

Presi fiato.

«Quindi è tutta una questione di formule?» disse una voce al fondo dell'aula.

«No, l'amore non è una scienza esatta...» risposi mentre cercavo di capire chi avesse parlato. Mi sembrava di riconoscere la voce, ma non riuscivo a vedere il viso. «È più come un'equazione che ti esplode in faccia» continuai. «Ma la verità è che, per quanto cerchiamo di aggiustare tutto, non possiamo riportare le cose a com'erano prima. Possiamo solo andare avanti, con i nostri pezzi incollati insieme. E come dico sempre...»

«Senza pentirsi mai degli errori. Perché in amore sono la cosa più bella da cui imparare» si sentì l'aula in coro.

«Esatto! Vedo che state studiando!» scherzai.

«Prof, posso farle una domanda?» mi domandò la stessa voce familiare di prima.

Mi spostai verso il centro della cattedra per vedere meglio, e fu così che la notai. Sara. Non potevo crederci. Il cuore mi si fermò per un istante. Che ci faceva lì?

«Sì, ma domani...» balbettai. «Per oggi abbiamo finito. Grazie a tutti.»

La lezione terminò, e come sempre gli studenti si alzarono tutti insieme, era una specie di coreografia. Mentre li osservavo sfilare verso l'uscita, notai Sara in fondo all'aula, quasi a voler sfuggire al mio sguardo. Rimase indietro e camminò lentamente, finché arrivò di fronte alla cattedra.

«E tu che ci fai qui?»

«Non ci crederai, ma ho deciso di seguire un corso sull'amore.»

«Lo vedo. Ma non dovresti essere in una riunione chissà dove?»

«No, non dovrei.»

«Che vuoi dire? Non ti seguo.»

«Mi sono licenziata.»

«Ti sei... È uno scherzo?»

«Non potrei essere più seria. Sai quanto odiavo quel lavoro. E qualche mese fa ho finalmente trovato il coraggio.»

«E adesso?»

«Be', come ti ho detto c'è un corso a cui mi sono iscritta. Poi si vedrà. Non ho grandi piani, al momento.»

«Tu, senza piani?»

«Effettivamente è una sensazione nuova, però impagabilmente bella! Mi sento come se avessi ripreso solo ora il controllo della mia vita...»

«Ne so qualcosa. Posso offrirti un caffè?»

«Veramente oggi sono un po' di fretta. Accompagno mia madre a un corso di cucina giapponese» disse, con un sorriso ironico. «Ma tanto ci vediamo domani, no? Stessa aula, stessa ora.»

La guardai, cercando di capire cosa provassi in quel momento. Forse un misto di nostalgia e sorpresa.

«Ti è piaciuta la lezione?» le chiesi.

«Interessante» rispose, con un'espressione che lasciava intendere molto più di quanto stesse dicendo. «Forse l'amore ha ancora tanto da insegnarci.»

Lì, in quell'aula vuota, con la luce del tramonto che filtrava dalle finestre, capii che il passato non era così lontano come pensavo.

Gli appunti del professore

Guida pratica per non farsi calpestare il cuore

Passo 1: Dimentica come ti senti. Metti da parte
i sentimenti confusi, le emozioni e tutto il resto.

Passo 2: Ricorda quanto vali e ciò che meriti.
Metti i tuoi valori e i tuoi sogni davanti a tutto.

Passo 3: Non lasciare che l'amore diventi
una scusa per soffrire.

Non permettere a nessuno
di trasformare il tuo amore in dolore.
Nessuno può avere la licenza di trattarti male.
Nemmeno chi ami.
Nemmeno te stessa.

Quando una persona sbaglia nei tuoi confronti in
qualcosa, o non ti ascolta, ci sono quattro possibili
reazioni, ma una sola è quella giusta.

1. *Puoi lamentarti.*
Lamentarsi non solo non risolve niente,
ma ingrandisce persino la cosa.
Perché? Perché non dici niente al diretto interessato,
ma ne parli con altri, e magari al diretto interessato
viene riferito, ma non da te.
LASCIA STARE.
E fai attenzione con chi ti sfoghi.
Oggi sono orecchie, domani lingue.

2. *Puoi ignorare la cosa* (ancora peggio).
Ignorare che c'è un problema non lo risolve.
La non comunicazione nelle relazioni crea solamente
tensione e silenzi, che poco a poco
allontanano le persone e rovinano tutto.
LASCIA STARE.

3. *Puoi incazzarti* (peggio del peggio).
La rabbia porta solo altra rabbia.
Molte volte deriva da atteggiamenti dei genitori
verso i figli, atteggiamenti che poi i figli,
dopo averli subiti, adottano
quando diventano grandi.
Sbagliato.
LASCIA STARE.

4. *Puoi confrontarti per farti capire.*
Attenzione però che «confrontarti»
non vuol dire spiegare le cose,
ma prima di tutto fare domande.
Significa chiedere apertamente alla persona
che ti ha deluso cosa comporta l'errore commesso,
la scelta sbagliata, il suo modo di fare.
Poi devi farle capire cosa comporta per te.
Infine chiederle cosa farà per rimediare
e come si potrebbe risolvere quella situazione.
Magari non ti darà le risposte giuste,
ma forse a quel punto le avrai già trovate tu.

Quando ti senti perso, corri al mare

Quando devi affrontare una giornata storta,
o peggio un periodo no
che sembra un labirinto senza uscita.
Quando ti senti avvolto dalla tristezza
o consumato dalla rabbia.
Quando i tanti pensieri diventano
un rumore assordante.
Prendi una borsa, buttaci dentro lo stretto necessario
e corri al mare.
Un telo su cui stenderti,
un quaderno su cui scrivere,
un buon libro.
Stenditi, respira l'aria, scrivi.
Non ascoltare i tuoi pensieri.
Ascolta le onde, ascolta il vento.
Lascia che il mare liberi la tua mente
e ti faccia ritrovare la pace.
Quando ti senti perso, corri al mare.
Il mare ti salva sempre.

Le persone giuste: poche ma preziose

L'abbondanza riempie,
ma è la qualità che ci completa.
C'è una frase davvero affascinante che dice così:
«Le navi non vanno a fondo a causa dell'acqua
che le circonda, ma per quella
che riesce a entrare dentro di loro».
Questo ci insegna quanto sia importante
fare attenzione a ciò che lasciamo entrare
nella nostra vita e a ciò che accettiamo dagli altri,
perché potrebbe farci naufragare.
Con il tempo capirai chi vuoi davvero
nella tua vita e finirai per avere
poche persone intorno.
Ma quelle poche rispecchieranno i tuoi valori,
ti rispetteranno e ti sosterranno.
Saranno poche, ma preziose.

Le conosci due persone che si amano
ma non stanno insieme?

La cosa buffa è che ci sono tante persone
che non si amano
ma stanno insieme per tutta la vita,
che stanno insieme senza amore,
per paura della solitudine.
E poi dalla parte opposta ci sono quelli
che si amano, magari senza dirselo,
ma non stanno insieme, e sono molti di più.
La differenza è che i primi sono destinati a perdersi
poco a poco, mentre i secondi, al contrario,
finiranno per ritrovarsi.
Perché se due persone sono fatte l'una per l'altra,
a dispetto della distanza, del tempo
e persino delle circostanze, finiranno per ritrovarsi.
Sempre.

Sai cosa fa chi non è felice?

Rimane in silenzio.
Non sempre qualcuno rimane in silenzio
perché non ha niente da dirti.
A volte non ha più voglia di dirtelo,
ed è tutta un'altra storia.
Il silenzio ci allontana un centimetro dopo l'altro,
senza che nessuno abbia chiesto spiegazioni.
Al contrario la persona giusta ha una caratteristica
fondamentale: ti regala serenità.
E dove c'è serenità non c'è mai silenzio.

Saper distinguere

«Distinguere» è una parola che indica
la capacità di percepire le differenze.
Distinguere chi è al tuo fianco
quando *ha* un momento
da chi invece è presente
quando *è* il momento.
Distinguere chi ha paura di perdere te
da chi ha paura di restare solo.
Distinguere se ti manca qualcuno
oppure se ti manca la persona
che pensavi che fosse.
E c'è un'enorme differenza.
A volte la dura verità
è che non sono le persone a deluderci:
ci deludiamo da soli, perché ci crediamo ancora.
Soprattutto in amore.
Per questo è importante saper distinguere
chi fa qualcosa per te perché lo vuole,
da chi lo fa perché tu glielo hai chiesto,
da chi lo fa perché hai insistito.
Saper distinguere chi sa amare
da chi vuole soltanto sentirsi meno solo.

Niente aiuta a selezionare quanto la delusione

È davvero finita
quando rispondi ai suoi messaggi
ma non ti aspetti più la sua risposta.
Si chiama delusione.
Ma in quel punto non ci sei caduta per caso.
Erano settimane, mesi o anni
in cui i passi di entrambi non andavano più
nella stessa direzione.
Stiamo parlando di piccoli passi, impercettibili,
ma uno dopo l'altro
vi hanno allontanati così tanto
che ora anche abbracciarsi è sinceramente difficile.
Niente ci fa allontanare quanto la delusione.
Perdere la stima per qualcuno è peggio che odiarlo.
Cosa c'è dopo?
L'indifferenza.
E non nasce per caso…
È una conseguenza chiara e precisa
di una presenza non valorizzata.
Li chiamiamo «i piccoli gesti»…
Ma non sono mai piccoli.
Sono enormi.
Ed è lì che si perdono le persone:
tra le cose che non dicono,
gli abbracci che non danno,

le carezze che non ricevono.
Per questo dopo certe situazioni
non guardi più le persone allo stesso modo.
Aprono gli occhi e chiudono il cuore.
E non si può tornare indietro
dopo aver aperto gli occhi.

Potresti essere felice, ma pensi troppo

Capita che spendi minuti, ore, giorni,
settimane o persino mesi tentando di studiare
una situazione, cercando di mettere insieme
i pezzi per capire come possono essere aggiustati
o cosa sarebbe stato giusto che accadesse…
Il più delle volte dovremmo accettare
che il passato è passato
e non può essere cambiato.
Quello che puoi fare
è lasciare i pezzi sul pavimento e andare avanti.
Pensare troppo a volte non risolve i problemi,
al contrario li crea.
Un vecchio detto dice:
«Se versi troppa acqua in una tazza, uscirà dai bordi».
Ed esattamente la stessa cosa accade
se metti troppi pensieri nella mente.
Non troveranno più il giusto spazio
per sistemarsi e andranno ovunque,
senza il tuo controllo.
Smetti di pensare troppo.
Va bene non avere tutte le risposte:
verranno da te
quando meno te lo aspetti.
Non pre-occuparti. Occupati.
C'è qualcosa che ti rende felice?

Falla! Occupati, agisci.
AMATI.
Come dico spesso:
bisogna saper mettere i punti.
La chiamano punteggiatura,
ma in realtà è solo coraggio.

Basta impegnarsi di più

Ti hanno mai detto:
«Io sono fatto così, non posso farci niente»?
È davvero un bel posto
per nascondere il proprio menefreghismo.
Del tipo: «Ti ho appena trattato di merda,
ma sai… Io sono fatto così».
Se lo usi, ti svelo un segreto.
Dire: «Sono fatto così» non è una giustificazione,
non è una scusa.
Stai soltanto dicendo che sei consapevole
di comportarti da stronzo
e che vuoi continuare a farlo.
Ma sai cosa puoi imparare oggi?
Che ogni tipo di relazione, che sia amicizia
o amore o altro, richiede responsabilità emotiva.
Non puoi nasconderti per sempre dietro a un
«Sono fatto così», perché se sei consapevole
di far star male qualcuno
e non cerchi di modificare il tuo comportamento,
allora il problema sei tu.
Sei fatto così?
Bene, allora io non sono fatta per te.

Le donne gentili

In questo mondo è difficile essere «gentili».
Ci vuole coraggio.
Solo uno stupido potrebbe scambiare per debolezza
un atteggiamento gentile.
Avere un cuore gentile, per una donna,
è un grande punto di forza.
Le donne gentili sono terribilmente forti.
Glielo puoi leggere addosso.
Sai cosa le rende così forti?
Hanno sofferto molto.
Ma nonostante la sofferenza,
nonostante le botte che ha preso il loro cuore,
queste donne non hanno perso la capacità
di essere sensibili e non sono diventate
come chi le ha fatte soffrire.
Però stai attento…
Perché chi è così gentile e amorevole ha dentro di sé
anche un lato nascosto.
Quella forza nascosta non la vedi ma c'è,
coricata nel profondo.
Sta semplicemente riposando.
Quindi se sono gentili con te, non approfittarne,
perché potresti svegliarla e farti molto male.
Ricordati che le donne gentili
sono terribilmente forti.

Quando lasciarsi è una scelta d'amore

Quando una persona trascurata
trova la forza di allontanarsi da qualcuno che ama
ma che non la sta amando nel modo corretto,
crea lo spazio necessario per curare il suo cuore.
È un distacco che cura.
E fa sì che accada una cosa, non scontata
e molto importante.
Quando quella persona si allontana
e riesce finalmente a dire: «Sì, è davvero finita»
lascia alla persona tossica
lo spazio necessario per avere chiarezza.
Le offre la possibilità di ricostruirsi, di capire davvero.
A volte stare troppo vicini rende ciechi.
Cerchiamo continuamente i problemi fuori,
quando in realtà sono dentro o di fianco a noi.
Così il distacco, in questi casi,
diventa un atto di cura verso entrambi,
e lasciarsi diventa la scelta d'amore
più forte che si possa fare.

Basta casi umani

È giusto confrontarsi
per trovare un punto di incontro.
Il problema sorge quando la risposta che otteniamo
è il silenzio assoluto.
Capita a tutti di incontrare
quella persona che, senza troppe spiegazioni,
a un certo punto, decide di non parlarci più.
La risposta naturale spesso è colpevolizzarsi:
dove ho sbagliato? Perché non mi risponde?
Di domande se ne possono fare tante,
ma la verità è che chi non comunica volutamente
con te, lo fa per due motivi.
1. Non riesce ad affrontare che ti ha fatto del male
anche se non lo meritavi.
2. Preferisce continuare a ferirti
piuttosto che incolpare sé stesso.
Due motivi di merda? Sì.
È un atteggiamento maturo? No.
E cosa fanno le persone immature?
Non hanno il coraggio di parlare a te.
Quindi, per illudersi di avere la coscienza pulita,
parleranno agli altri, raccontando di essere vittime.
Insomma, modificheranno la realtà a loro piacimento
per colpevolizzare te piuttosto che loro stesse.
Cosa fare?

Se non ha la maturità di riconoscere le sue colpe,
non ha sicuramente la maturità per starti accanto.
Hai bisogno di persone mature e risolte.
Basta casi umani,
basta adulti che si comportano da bambini.
Non sei una baby sitter.

Le donne di carattere

Le donne di carattere, al giorno d'oggi,
non sono molto apprezzate, ed è ancor più raro
che vengano amate per ciò che sono.
Per la maggior parte delle persone
avranno una personalità scomoda, ingombrante.
Non le puoi ingannare per i tuoi interessi,
e non si lasciano convincere facilmente.
Hanno un cuore,
solo non lo danno al primo coglione che passa.
Magari lo hanno fatto in passato,
si sono fatte male.
Ma quelle cicatrici ora hanno preso valore
e soprattutto hanno portato loro la calma.
Si chiama serenità,
e ottenerla è costata tante tempeste.
Quindi non farle innamorare
se non hai intenzione di amarle,
perché perderesti tempo
e soprattutto perderesti la loro stima.
Sì, le donne di carattere
non avranno mai un bel carattere per tutti.
Ed è proprio questo che le rende speciali.

Una persona selettiva

Una persona selettiva è spesso sola,
ma non per i motivi a cui alla maggior parte
delle persone piace credere.
Diventa selettiva con l'esperienza.
Per lei il tempo ha molto valore,
per questo non ha voglia di perderlo.
Se non risponde, non è perché è confusa
o non sa cosa dire:
semplicemente non ha più nulla da dirti.
E vorrei sfatare un mito.
Non è stressata né acida né stronza.
Anzi, in un certo senso è molto più altruista, perché
non perdendo tempo lo fa risparmiare anche a te.
Una persona selettiva non riesce a fingere
di provare sentimenti che non prova.
È una persona coraggiosa, schietta,
che sa camminare da sola
e non ha bisogno di passatempi.
Se sei insicuro, indeciso,
tentenna da un'altra parte, perché non fai per lei.
Una persona selettiva sa che ci sono giorni
in cui avere pace è più importante che avere ragione.
Vuoi conquistarla?
La prima regola da seguire è che una persona selettiva
vuole essere lasciata senza parole con i fatti.

In amore c'è un tempo per ogni cosa

Per commettere errori e per correggerli.
Per prendere tempo e per decidere.
Ogni istante ha il suo perché:
ciò che è stato, ciò che sarà e ciò che non tornerà più.
Il tempo è tuo e puoi farne quello che vuoi,
ma non pretendere che gli altri aspettino i tuoi tempi.
Perché per loro il tempo di aspettarti ha un limite,
e se quel limite viene oltrepassato,
poi il tempo finisce. E dopo è troppo tardi.
Per loro è arrivato il momento di scegliere,
e hanno scelto di andare avanti senza di te.

Chiedere scusa non basta

C'è una vecchia storia che spiega
perché chiedere scusa il più delle volte non basta.

Prendi un piatto.
Fatto.
Buttalo per terra.
Cosa?
Buttalo per terra.
Fatto.
Cosa è successo al piatto?
Si è rotto.
Chiedigli scusa.
Fatto.
Si è aggiustato?
No.
Ora capisci?

Pensiamo che tutte le cose che si rompono
possano ricomporsi, ma non è sempre così:
dobbiamo imparare a maneggiare ogni cosa con cura,
soprattutto i sentimenti.
Certe persone ti pestano il cuore,
poi pretendono di aggiustarlo
con un paio di scuse,
ma la verità è che le scuse non bastano.
Sarebbe bello che invece delle scuse

imparassero a non ferirti più.
In quei momenti capiamo
che abbiamo tenuto vicino a noi
gente che non meritava
nemmeno il nostro disprezzo.
Sembra triste, ma la verità
è che invece è meraviglioso.
La consapevolezza, intendo…
È quella la vera medicina.

Una donna indipendente

Lei lavora, ha le sue cose, la sua casa.
Quello di cui ha bisogno
se lo compra e vive al meglio che può.
Mi dispiace dirti che i tuoi soldi e le cose materiali
non la impressionano.
Quel tipo di donna viene definita «indipendente»,
e se vuole la luna se la prende da sola.
Quella donna, prima di sognare il principe azzurro
e una bella casa, ha dovuto realizzare sé stessa.
E ha dovuto lottare tanto.
Conquistare la propria libertà.
Non ha paura di buttarsi,
cadere e rialzarsi.
Lei ci prova e ci riprova sempre.
Ci ha provato e si è rialzata così tante volte
che ormai si è dimenticata come si fa a mollare.
Non ha bisogno di qualcuno
che riempia la solitudine.
Lei adora stare da sola,
e non perché sia antisociale, stronza o cose del genere,
ma perché le piace stare in compagnia dei suoi spazi.
Di sé stessa.
Per lei stare da sola ogni tanto è necessario.
Allontana problemi, persone e delusioni.
Non esiste nessuno più forte di chi sa stare solo,

perché ha imparato a fare la cosa
che fa più paura al mondo;
quindi non sarà mai disposto
a barattare la propria solitudine
con il primo che passa.
Sorprendila, pensa a qualcosa con il cuore, anche se
non sai cosa voleva in quel momento.
Il semplice fatto che tu abbia pensato a lei
sarà perfetto.
Questa donna può dimenticare i suoi giorni difficili,
ma non dimenticherà mai chi glieli ha resi facili.

Posti da cui scappare

1. Vai via da dove non sei felice.
2. Vai via da dove non riesci a essere te stesso.
3. Vai via da dove non ti vogliono.

Il ragionamento è molto facile:
una bottiglietta d'acqua può costare
un euro al supermercato, tre euro al cinema
o cinque euro su un aereo. È la stessa acqua.
L'unica cosa che ne cambia il valore
è il luogo in cui si trova.
Quindi, quando ti capita di sentirti
come se valessi zero,
forse sei solo nel posto sbagliato.
Corri, spostati, cambia,
ma non finire dove non ti senti fiorire.

Lei non è una donna facile

Lei non è una donna facile.
Si stanca in fretta delle persone indecise.
Le persone che vanno a momenti:
momenti in cui ci sono, ti vogliono,
e momenti in cui spariscono.
Le persone a intermittenza.
No, lei non è una donna facile,
ma cerco di spiegartelo in modo semplice.
I suoi sentimenti sono come lampadine.
Se li accendi a intermittenza, prima o poi fanno
come le lampadine: si fulminano e restano spenti.
Perché? Perché non è fatta per i rapporti a metà
né per quelli a senso unico.
Lei sa esserci sempre per le persone a cui tiene,
e ha imparato a non accettare nulla di meno.
In passato ha amato e fatto cose, per alcune persone,
che se ci pensa ora si prenderebbe a schiaffi da sola.
Ma ora non più, ora sa amarsi.
È finito il tempo in cui giustificava
ogni comportamento, ogni assenza, ogni scusa.
O ci sei o non ci sei.
Il suo cuore non è in saldo
e non fa più sconti a nessuno.
Non cerca qualcuno per una sera,
ma per una vita.

Non cerca l'amore per il fine settimana,
ma per trecentosessantacinque giorni all'anno.
Ogni anno.
E se non arriva non fa niente,
sa profumarsi la vita da sola,
Perché lei è una donna intera,
non le manca nessuna metà.

La teoria del «lascia fare»

C'è una teoria molto famosa,
la teoria del «lascia fare».
Te la spiego brevemente.
Se gli amici si organizzano
ma non ti invitano a quella cena
o a quella serata a cui ti saresti aggiunta volentieri...
LASCIA FARE.
Se una persona con cui ti stai frequentando,
che ti piace, non vuole impegnarsi...
LASCIA FARE.
Se una persona a cui vuoi bene
non è sincera con te...
LASCIA FARE.
E potrei andare avanti con altri mille esempi.
Se i tuoi figli non vogliono svegliarsi
e venire con te a fare una certa cosa nel weekend...
LASCIA FARE.
Qualsiasi comportamento abbiano le persone,
lasciale fare ciò che vogliono fare.
Specialmente un'amica
o qualcuno che stai frequentando
o con cui stai cercando di lavorare insieme.
Perché le energie che impieghiamo per forzare gli altri
a soddisfare le nostre aspettative sono sprecate.
La realtà è che non possiamo cambiare gli altri.

Ma sai cosa possiamo fare?
Far sì che quella persona si riveli per ciò che è,
e a quel punto potremo decidere cosa fare noi.
Lascia fare quello che vogliono fare,
poi decidi cosa fare tu.
Questa è la teoria.
Adesso passa alla pratica…

Quattro segreti per una relazione migliore

1. La miglior relazione è quella in cui il litigio di ieri
non impedisce di parlarsi oggi.
2. Le azioni di oggi contano più
dei piani per domani.
Guardare ciò che si ha e dargli valore ogni giorno
è molto più importante che distrarci a fissare
quello che vorremmo avere.
3. Le disattenzioni fanno disinnamorare.
4. Fai una lista delle cose che per te sono davvero
importanti da trovare in un partner
e diventa quella lista.

Le donne che corrono

Ci sono donne che corrono, corrono sempre,
dietro a tutto e tutti.
Ma correre sempre dietro a tutti stanca.
Passano così tanto tempo a rincorrere le persone
che senza rendersene conto finiscono per superarle.
Per questo si ritrovano stanche e spesso sole,
senza nessuno che corra dietro a loro
né ai loro bisogni.
C'è un tempo per tutto, anche per correre.
Per tornare. Per perdonare. Per superare.
Poi, però, il tempo finisce.
E a quel punto devi mettere dei paletti.
Bisogna imparare a trattenere
gli slanci di generosità esagerata
e mettere dei paletti per evitare
che venga dato tutto per scontato.
Non correre dietro a qualcuno che sa già dove sei.
Magari fermati in un punto,
come a dire: se vuoi io sono qui.
Magari ti manca, ma non sempre chi ti manca
merita di sentirselo dire.
Arriva un giorno in cui devi decidere
di non correre più dietro a nessuno.
Il tempo delle corse è finito.
Devi iniziare a camminare.

E non con chiunque:
solo con chi ha realmente voglia di starti accanto.
È da quel giorno che inizia la rinascita.
Una donna che rinasce non trattiene più nessuno.
Non perché non ci tenga, anzi:
lascia agli altri la libertà di scegliere se starle accanto
o andare via.
Perché ha semplicemente capito
che chi vuole esserci c'è…
Senza nemmeno che lei glielo chieda.

Lasciati sorprendere

Certificato PEFC
Questo prodotto è realizzato con materia prima da foreste gestite in maniera sostenibile e da fonti controllate
PEFC
PEFC/18-31-226
www.pefc.it

GRAFICA VENETA
CARBON NEUTRAL

Questo libro è fabbricato da Grafica Veneta S.p.A.
con un processo di stampa e rilegatura certificato 100% carbon neutral
in accordo con PAS 2060 BSI

Finito di stampare presso Grafica Veneta S.p.A.
Via Malcanton, 2 – Trebaseleghe (PD)
su carta HOLMEN
con fibra vergine proveniente da foreste sostenibili holmen.com/paper
Printed in Italy

Prova d'acquisto
978-88-200-7895